riffer & rub

Samira Zingaro

»Sorge dich nicht!«
Vom Verlust eines Bruders oder
einer Schwester durch Suizid

Für die großzügige Unterstützung dieser Publikation danken wir:

Cassinelli-Vogel-Stiftung
David Bruderer Stiftung
Stiftung Elternsein

Foto Umschlag: © Bradtzou I Dreamstime.com
Porträt der Autorin: Felix Ghezzi

Erste Auflage Herbst 2013

Druck und Bindung: CPI – Ebner & Spiegel, Ulm
Papier: Schleipen Werkdruck, bläulichweiß, 80 g/m², 1.75

ISBN 978-3-907625-65-1

»Oft frage ich mich, warum mein Bruder dies getan hat. Doch nur wenn man aufhört, in der Vergangenheit zu bohren, schafft man es, positiv weiterzuleben.«

Simon Stuker, 28

»Es gibt zwei Arten, mit Problemen umzugehen. Entweder man denkt: ›Schon wieder wird unsere Familie durch eine schreckliche Nachricht geprüft‹ – und lebt somit in ständiger Angst vor dem, was im Leben noch alles auf einen zukommt. Oder aber man bleibt zuversichtlich und glaubt daran, dass es wieder gut wird.«

Julia Stuker, 26

»Ich wünschte, ich könnte ihm die Lücke aufzeigen, die er hinterlassen hat. Allerdings bezweifle ich, dass meine Worte damals etwas bewirkt hätten.«

Michaela Walser, 30

»Hinterher ertrage ich es manchmal fast nicht, dass ich so naiv war und annahm, dass er einen Weg aus seiner Krise finden würde. Ich hätte nicht gedacht, dass er so weit gehen würde.«

Silvia Widmer, 41

»Vergeht Zeit, kommt der Lebenswille zurück.«

Interview mit Thomas Reisch, Psychiater

**No sky
No earth – but still
snowflakes fall**

Kajiwara Hashin (1864–?)

Vom Leben und Überleben

Sie trösten auf Trauerkarten mit ewig gleicher Symbolik, eine verlassene Landstraße etwa, die am Bildrand den Fluchtpunkt sucht. Sie zieren Briefe in Blumengestecken: Worte, die Trauernde stützen sollen. Manche klingen hilflos, andere ermutigend; selten sind sie treffend, oft wirken sie ungelenk – dabei sind sie alle bloß gut gemeint. Es ist ein Ringen um Sätze, für die eine passende Sprache erst noch erfunden werden muss. Besonders nach einem unerwarteten Todesfall wie einem Suizid[1] scheint es für Außenstehende schwierig bis unmöglich, ihr Beileid angemessen auszudrücken. Neben einer überwältigenden Anteilnahme zählten Plattitüden wie »Das Leben geht weiter« oder »Jede Krise hat auch ihr Gutes« zu den verlegensten Reaktionen, die den Hinterbliebenen in diesem Buch ans Herzen gelegt wurden. Ein Ratschlag aber ließ eine trauernde Schwester aufhorchen und wirkt so pragmatisch und unaufgeregt, dass man

---

[1] Im vorliegenden Buch wird vor allem der Terminus »Suizid« verwendet – hergeleitet aus der neulateinischen Wortschöpfung »suicidum« (»caedere«: hauen, schlagen, töten; »sui«: seiner selbst, sich). Auf den Begriff »Selbstmord« wird bewusst verzichtet, denn einerseits ist der Ausdruck juristisch inkorrekt, und andererseits wirkt er stark stigmatisierend: Ein Mord ist ein Verbrechen, eine Straftat. Die Bezeichnung »Freitod« wiederum suggeriert, dass die Person die Tat aus eigenem Willen vollzogen hat. Diese Freiwilligkeit ist unter Fachleuten umstritten.

ihn beim ersten Hören durchaus als frech empfinden könnte. Er beschränkt die Zukunft der Trauernden auf zwei Richtungen: »Entweder bleibst du nun für den Rest deines Lebens verbittert, oder du bist dankbar für die Zeit, die du mit dem Verstorbenen verbringen durftest.« Verbitterung versus Dankbarkeit. Liegen bleiben oder aufstehen. Aufgeben oder fortfahren. Eine Entscheidung? So einfach in Worte gefasst, so schwierig in Taten umzusetzen. Und genau danach fragt dieses Buch. Es stellt diejenigen Personen ins Zentrum, die nach einem Suizid eines Familienmitglieds an der Kreuzung zurückgelassen wurden: Welche Richtung wählen Hinterbliebene, nachdem ein Nahestehender sie für immer verlassen hat? Bleiben sie stehen oder folgen sie dem Verstorbenen? Oder machen sie kehrtum und schlagen für sich einen komplett neuen Weg ein?

Anders ausgedrückt: Leben Zurückgelassene weiter oder überleben sie bloß?

Der plötzliche Tod wuchtet wie ein Spaltpilz im Leben der Hinterbliebenen. Nimmt sich ein naher Angehöriger das Leben, beginnt für sie eine Zeitenwende: Der auf einmal unbesetzte Platz am Esstisch wird zum quälenden Ausdruck dessen, was insbesondere Familien nach dem plötzlichen Tod eines Mitgliedes erfahren: Augenblicklich fällt ein Element aus dem vertrauten System, die Grundmauern beginnen zu wanken – und stürzen im schlimmsten Fall ein.

Zurückgelassene nach Suizid, in Fachkreisen auch »Survivors« genannt, stehen vor großen Hürden. Diese teilen sie ein Stück weit mit Betroffenen, die Menschen durch eine unerwartete Krankheit oder einen Unfall verloren haben – der plötzliche Tod katapultiert das bisherige Leben aus der gewohnten Laufbahn. Stillstand, während die Welt der Mitmenschen weiterdreht. »Survivors« haben nebst dem Schock und der Trauer mit zusätzlichen Schwierigkeiten zu kämpfen: Oft vergehen qualvolle Stunden, wenn nicht Tage, bis die Leiche nach der Obduktion freigegeben wird. Bei einer Selbsttötung rückt außerdem sofort die Suche nach der Ursache ins Zentrum, verknüpft mit der Schuldfrage und der Angst vor gesellschaftlichen Stigmata. Nicht nur das Leben danach gerät aus den Fugen: Hinterbliebene hinterfragen zusätzlich das gesamte Leben und Handeln vor dem Suizid, was zu einer tiefen Verunsicherung bis zu einem nur schwer zu behebenden Vertrauensverlust führen kann.

Die nachfolgenden Geschichten fokussieren sich auf hinterbliebene Brüder und Schwestern. Nach dem Suizid meiner Schwester stellte ich fest, dass es zwar viel Literatur für Eltern und Partner gibt, kaum aber etwas zum Thema Geschwistertrauer. Dabei kann die Geschwisterbeziehung durch die gemeinsame Kindheit sehr intim sein und gar zu den längsten Verbindungen in einem Leben zählen.[2] Ähnlich wie die Eltern, erleben die Geschwister die Zäsur durch den plötzlichen Tod hautnah. Im Gegensatz zu diesen stehen sie jedoch in einer gewissen Distanz zu dem oder der Verstorbenen, da es sich nicht um das eigene Kind handelt, das sich für den Tod entschieden hat. Ein Bruder oder eine Schwester unterscheidet sich auch altersmäßig von den Eltern; Geschwister gehören der gleichen Generation an, sie haben oft noch ihr ganzes Leben vor sich oder stehen mittendrin. Dennoch kann sie die Trauer nicht minder beschäftigen, was zuweilen bei ihrer Sorge um die Eltern untergeht: Nicht selten sind die noch lebenden Söhne und Töchter der verbleibende Pfeiler, die letzte Freude und Hoffnung, die eine Familie fortbestehen lässt, wenn nicht gar ein wesentlicher Grund für die Eltern, überhaupt weiterzuleben. Umgekehrt kommt es auch vor, dass der Schmerz das Familienleben so überschattet, dass die Eltern ihrer Rolle nicht mehr gerecht werden.

---

2   Vgl. Allensbach, Monika: Hinterbliebene jugendliche Geschwister – ihre Erfahrungen und ihre Bedürfnisse nach sozialer Unterstützung. Darstellung des aktuellen Forschungsstandes und eine qualitative Studie, Master-Thesis, Hochschule für Soziale Arbeit der Fachhochschule Nordwestschweiz, Olten 2012, S. 13-15.

In der Schweiz kommen über dreimal so viele Personen durch Suizid ums Leben wie durch einen Verkehrsunfall. Suizide geschehen überall auf der Welt, unabhängig von Nationalität, religiöser Zugehörigkeit, Geschlecht oder Alter. Laut WHO bringt sich alle 40 Sekunden ein Mensch um, das macht weltweit rund eine Million Suizide im Jahr. Wie viele Familien nach einem solchen Tod auseinanderbrechen ist nicht bekannt. Das Risiko, dass sich ein weiterer Angehöriger das Leben nimmt, erhöht sich nach einer Selbsttötung um ein Vielfaches. Die emotionalen, gesellschaftlichen und nicht selten auch körperlichen Folgen nach einem Schicksalsschlag stellen Beziehungen vor eine Zerreißprobe. Die Berichte in diesem Buch sollen deshalb auch Mut machen. Sie erzählen von Zurückgelassenen, die es trotz ihrer Belastung geschafft haben, auf ganz unterschiedliche Weise im Leben wieder Fuß zu fassen.

Das Buch will zudem das Verständnis zwischen Hinterbliebenen und ihren Bekannten fördern. Es ist nicht leicht für Mitmenschen, mit der Bürde eines solchen Todes umzugehen. Zu viel Anteilnahme kann ebenso falsch verstanden werden wie keine. Manche Menschen wenden sich mit ehrlichem Mitgefühl an die Trauernden, vielleicht auch solche, mit denen sie zuvor jahrelang keinen Kontakt pflegten. Wenig vertraute Arbeitskollegen suchen das Gespräch und erzählen von eigenen, einschneidenden Erlebnissen. Andere wiederum – auch langjährige, gute Bekannte der Betroffenen – ziehen sich zurück und versuchen den Hinterbliebenen tunlichst auszuweichen.

Für die »Survivors« selbst ist die Trauerphase kein linearer Prozess. Es mag zutreffen, dass nach dem oft zitierten »Jahr der Trauer« vieles einfacher erscheint: den ersten Geburtstag und die ersten Weihnachten ohne den geliebten Menschen sowie den ersten Todestag haben die Angehörigen hinter sich. Doch an die Last, die zu tragen sie sich nicht gewünscht hatten, müssen sich Hinterbliebene erst gewöhnen. Die Auseinandersetzung zwischen Verbitterung und Dankbarkeit erfordert Zeit.

»Sorge dich nicht!« sind Worte, die sinngemäß in manch einem Abschiedsbrief stehen. Die Vorstellung, dass die Liebsten nicht traurig sein sollen, nicht leiden nach einem solchen Verlust, zeugt davon, dass sich die wenigsten Suizidenten bewusst sind, welche Konsequenzen ihr Tod nach sich zieht. Einige scheinen gar zu glauben, ihr Abgang erleichtere das Leben der Angehörigen, weil sie sich fortan nicht mehr um die suizidale Person zu kümmern brauchen. Die vorliegenden Geschichten aber zeigen: Die größte Herausforderung beginnt für die Zurückgelassenen erst nach dem Suizid.

Samira Zingaro
Zürich, August 2013

»Niemand weiß, wie mit einem solchen Tod umzugehen.«

Interview mit Eberhard Aebischer-Crettol, Pfarrer/Seelsorger

Hunderte von Hinterbliebenen nach einem Suizid hat der pensionierte Pfarrer Eberhard Aebischer-Crettol begleitet. Er rief Selbsthilfegruppen für Trauernde ins Leben und gilt als ein Pionier der Internet-Seelsorge.

Es gab eine Zeit, da hatte Eberhard »Ebo« Aebischer-Crettol für jede und jeden jederzeit ein offenes Ohr. Mitte der 1990er-Jahre flackerte der Bildschirm seines Computers Tag und Nacht, täglich füllte sich sein Posteingang mit Zeilen von Hilfesuchenden, die um Rat und seine Unterstützung baten. Jahrelang boten der Theologe und seine Frau Zurückgelassenen nach Suizid ihren Beistand an, er als Seelsorger via E-Mail, sie per SMS. Heute hingegen ist es nicht einfach, mit ihm in Kontakt zu treten, denn nach über einem Jahrzehnt Seelsorge im Internet fuhr Ebo Aebischer eines Tages seinen Computer herunter, die Schicksale der Hinterbliebenen belasteten ihn zu sehr. Aebischers sind im Telefonverzeichnis nicht mehr registriert, ihre Fußspuren in der virtuellen Welt in den letzten Jahren verblasst. Die Nummer, die im Internet kursiert, ist außer Betrieb. Doch auf eine Postkarte reagiert der Pfarrer und studierte Chemiker.

Aebischers wohnen an begüterter Adresse an der Stadtgrenze zu Bern. Der ehemalige Seelsorger führt den Besuch in den Wintergarten, ein Zierbrunnen blubbert. Im Garten vor dem Haus kniet eine oxydgrüne Bronzestatue in gebeugter Haltung. Ebo Aebischer wägt seine Worte sorgfältig ab. Die ungezählten E-Mails füllen heute Bundesordner in seinem Arbeitszimmer, und der pensionierte Theologe hofft darauf, dass eines Tages ein Doktorand daran Interesse findet.

Ebo Aebischer, gilt Suizid heute noch als ein Tabu?

Sicher nicht mehr so stark wie früher. Die Gesellschaft sieht Suizid zunehmend als eine Möglichkeit an, aus dem Leben zu scheiden. Doch nimmt sich jemand das Leben, glauben viele Menschen, dass etwas in der betreffenden Familie nicht in Ordnung war. Diese Vorurteile, Anschuldigungen und die Angst vor Stigmatisierung existieren nach wie vor und sind der Grund, warum Hinterbliebene eine Selbsttötung oft verschweigen und sich oft auch ›auffällig‹ verhalten: Sie wechseln die Straßenseite, wenn ihnen ein Bekannter entgegenkommt oder gucken in ein Schaufenster, um nicht angesprochen zu werden. Außenstehende spüren diese Art Scham, wissen nicht, wie damit umgehen und vermeiden folglich das Thema.

Sind es nicht gerade die Außenstehenden, die nicht wissen, wie angemessen reagieren und dem Thema oder gar den Hinterbliebenen aus dem Weg gehen?

Dieses Verhalten zeigt sich auf beiden Seiten. Niemand weiß, wie mit einem solchen Tod umzugehen ist.

Was wäre der bessere Weg?

Das Wichtigste erscheint mir, sowohl von Seiten der Hinterbliebenen wie auch von Seiten der Bekannten, aufeinander zuzugehen und den Verlust direkt anzusprechen. Um ein Gespräch und Hilfe zu ermöglichen, sollten auch die Hinterbliebenen versuchen zu sagen: ›Schön, dass wir uns treffen.‹ Schon dieser Satz ist eine Einladung an das Gegenüber, weniger befangen mit den Hinterbliebenen umzugehen. Die andere Person kann diesen Satz aufnehmen und ganz ehrlich sagen: ›Ich bin sprachlos, ich weiß nicht, was sagen.‹ Oft hilft auch einfach eine Umarmung, die zeigt, dass jemand da ist und mitfühlt.

Den meisten Zurückgelassenen fehlt dazu die Energie.

Wenn der Tod ganz frisch ist, stehen die Hinterbliebenen unter einem derart heftigen Schock, dass sie entweder wie in Trance agieren und funktionieren oder völlig apathisch sind. In diesem schweren Zustand bietet es sich für einen Außenstehenden an, ungefragt einen Besuch abzustatten und den Trauernden zu essen oder zu trinken vorbeizubringen. Das empfinden Hinterbliebene normalerweise als sehr wohltuend – auch wenn sie die Geste mitunter in diesem Ausnahmezustand nicht richtig wahrnehmen.

Viele Hinterbliebene zerbrechen endgültig.

Die Resilienz, also die psychische Belastungsfähigkeit, spielt bei solchen Traumata eine zentrale Rolle. Manche Menschen verfügen über eine größere innere Spannkraft, um Schicksalsschläge zu überwinden. Nehmen wir das Beispiel eines Holzstocks. Man biegt ihn, bis er bricht. Das ist je nach Beschaffenheit des Holzes sehr unterschiedlich, und so verhält es sich auch mit unseren Resilienzen. Ein Bambusrohr bedarf einer viel größeren Kraft, um es zu knicken.

Inwiefern unterscheidet sich die Trauer nach Suizid von dem Schmerz, jemanden durch eine andere Todesursache verloren zu haben?

Wenn jemand aufgrund einer Krankheit stirbt, kann sich die Familie mit dem Ableben des Angehörigen beschäftigen – der Abschiedsprozess setzt bereits vor dem Tod ein. Manche erkrankte Kinder trösten nicht selten sogar die Eltern, bevor sie sterben. Verliert jemand bei einem Unfall sein Leben oder stirbt ganz plötzlich, hat dies nichts mit der Familie zu tun. Allen Leuten ist klar: Es ist furchtbar und tragisch, der Lastwagen fuhr rückwärts, sah die Person nicht und überfuhr sie. Die Trauer ist groß, aber nicht scham- oder schuldbehaftet, es sei denn, der oder die Gestorbene ist noch sehr jung und die Eltern werfen sich vor, nicht genügend auf ihr Kind aufgepasst zu haben.

Scham und Schuld spielen bei Zurückgelassenen nach Suizid also eine wichtige Rolle?

Ja. Nimmt sich ein Familienmitglied das Leben, dann gerät das Gleichgewicht aus den Fugen. Es tauchen sofort Fragen auf: Wie war das möglich? Warum haben wir nichts gemerkt? Warum hat er oder sie uns nichts gesagt, warum konnten wir nicht auf die Signale achten, die sie oder er ausgesendet hat? Sind wir schuld am Tod? Folgen gegenseitige Beschuldigungen, kann eine Familie gar daran zersplittern. Ich kenne die statistischen Zahlen nicht, aber der größte Teil der Überlebenden hat selbst Jahre nach dem Suizid psychiatrische oder andere Begleitung nötig – das fordert eine Familie heraus.

Was raten Sie Hinterbliebenen, wenn sie ständig um die Warum-Frage kreisen?

Wenn sie wüssten, warum jemand sich das Leben genommen hat, was würde es ihnen bringen? Ich erwähne hier ein mir bekanntes Beispiel eines Botschafters, der sich von einer Brücke stürzte. Er landete praktisch unverletzt, denn er sprang an einer Stelle, an der ihn die Bäume abfederten, und trug nur Schürfwunden davon. Der behandelnde Psychiater fragte ihn, was ihm vor dem Sprung durch den Kopf gegangen sei. Der Botschafter sagte: ›Wenn ich das wüsste.‹ Die Gründe, warum sich jemand umbringt, sind nicht immer klar.

Wie wichtig sind Abschiedsbriefe?

Ich kann nicht sagen, sie sind sehr oder gar nicht wichtig. Ich habe aber festgestellt, dass Zurückgelassene, die nichts dergleichen gefunden haben, zusätzlich litten. Sie wünschten sich wenigstens ein Wort, einen Satz, auch wenn es nur ein ›Ich habe dich gern, es tut mir leid‹ ist. Umgekehrt kann es aber auch sein, dass in einem Abschiedsbrief schreckliche Wahrheiten an den Tag kommen oder Vorwürfe laut werden. Ist es deshalb mitunter nicht einfacher, sich vorzustellen, die Person hätte sicher etwas Gutgemeintes geschrieben?

Die größte Aufmerksamkeit nach einem Suizid erhalten meist trauernde Eltern oder Partner. Drohen dabei nicht die Geschwister vergessen zu gehen?

Der Tod reißt ein Loch in die Familie, an dessen Rand sich viele Eltern mit beiden Händen festkrallen. Folglich bleiben keine Hände mehr frei für die noch lebenden Kinder. Sie sind kaum mehr existent, steht doch die tote Person im Zentrum, ob ausgesprochen oder nicht. Ich kannte ein Elternpaar mit einer Tochter und einem Sohn. Der Junge zeigte Anzeichen einer psychischen Erkrankung, die Eltern erlebten mehrere Suizidversuche des Sohnes mit. Dieser Zustand zermürbte sie derart, dass sie sich sagten, es wäre vielleicht besser, er könne sterben. Ein Gedanke, entstanden aus Ratlosigkeit. Dann nahm sich der Sohn tatsächlich das Leben. Das war für die Eltern die allergrößte Schuldzuweisung, sie war so stark, dass die Mutter zwei Jahre später auch Hand an sich legte. Die noch lebende Tochter hatte nach dem Tod des Sohnes keine Rolle mehr gespielt im Familienleben. Ich habe die Mutter kurz vor ihrem Tod noch in einer Klinik besucht und ihr angeboten, Tag und Nacht für sie da zu sein. Doch auch diese Unterstützung konnte sie nicht retten.

Tendieren Eltern dazu, die verbliebenen Kinder als Krücke zu benutzen?

Das kann passieren, doch kein Kind darf zum Schutzengel der Eltern werden. Je freier man die Kinder gehen lässt, umso eher kommen sie zurück. Die besorgten Mütter und Väter laufen sonst Gefahr, das Einzige, was sie noch haben, zu zerdrücken und machen so die übrigen Kinder lebensunfähig.

Leiden Geschwister anders als Eltern?

Schuldgefühle können auch auf Seiten der Geschwister entstehen, das Verhältnis unter Brüdern und Schwestern ist bekanntlich oft geprägt durch Neid und Streitigkeiten. Nach einem Tod kann auch dies zu großen Selbstvorwürfen führen. Geschwister sind nicht unbedingt das ganze Leben lang ein Herz und eine Seele, bei den Eltern hingegen verhält sich die Liebe in den meisten Fällen anders. Es handelt sich um ihr ›Produkt‹, sie lieben die Kinder bedingungslos. Deshalb äußert sich auch die Trauer unterschiedlich: Verliert man das eigene Kind, verliert man ein Stück seines Selbst.

Eine Selbsttötung erschüttert bei vielen Hinterbliebenen das Selbstvertrauen, weil sie nicht mit dem Suizid eines Nahestehenden gerechnet haben.

Da stimme ich zu, doch, so sachlich es klingen mag, ›it happens‹. Man kann – zum Glück – nicht alles kontrollieren, zu unserem Lebensverlauf gehören eben auch Schicksalsschläge. Man kann es nicht begreifen, es gibt Dinge, die sind höher als die eigene Vernunft. Wenn wir alles kontrollieren könnten, wäre das Leben unerträglich. Ich kann nicht immer überall sein, sondern muss versuchen, zu vertrauen und loszulassen.

Sie führten als Seelsorger auch unzählige Einzelgespräche. Was waren die Hauptanliegen der Zurückgelassenen?

Hinterbliebene quälen sich häufig mit Fragen wie ›Alle sagen, der Tod müsse für mich jetzt kein Thema mehr sein, doch das Gegenteil ist der Fall. Wie kann ich damit umgehen? Wie komme ich aus der Trauer heraus? Warum trauere ich immer noch nach einem Jahr?‹

Was hat es mit diesem ›Jahr der Trauer‹ auf sich?

Im ersten Jahr der Trauer werden das erste Mal all jene Momente des bis anhin gemeinsamen Lebens alleine durchlebt. Schon das Herannahen zum Beispiel des Geburtstages oder eines Festtages wie Weihnachten taucht Hinterbliebene in ein Tief, aus dem sie schwer herausfinden. Dadurch wird das ganze erste Trauerjahr zu einer traumatisierenden Zeit. Aber gleichzeitig keimt die Hoffnung, dass mit dem ersten Todestag eine neue Phase beginnt, die die tiefe Verwundung wieder heilen lässt. An diese Hoffnung wird oft eine so hohe Erwartung geknüpft, dass jeder neue Tag, an dem es ›noch nicht besser geht‹, zur Enttäuschung wird. Mit der Zeit aber heilt die Verwundung praktisch unmerklich – die Narbe jedoch bleibt lebenslang. Daran zu kratzen kann sie jederzeit wieder aufbrechen lassen.

Was verletzt Hinterbliebene besonders?

Das Besserwissen, zum Beispiel Sätze wie: ›Du hättest es doch kommen sehen müssen.‹ Oder die Frage: ›Warum hast du nichts bemerkt?‹ Sehr heikel ist auch, über den Glauben zu sprechen in Momenten, in denen das Gegenüber gar nicht mehr glauben kann. Bei einem Suizid geht es um einen unwiederbringlichen Verlust und nicht um eine Philosophie.

Gibt umgekehrt nicht gerade der Glaube vielen Hinterbliebenen Halt?

Manche Trauernde werden religiöser nach einem Todesfall. Andere wiederum verabschieden sich vollständig von der Kirche. Obwohl ich Pfarrer bin, habe ich in den Selbsthilfegruppen immer gesagt, der liebe Gott spiele hier keine Rolle.

Sondern?

Auch für Gläubige muss einsichtig gemacht werden, dass Gott kein Lückenbüßer ist, dem die Verantwortung für das Unbegreifliche zugeschoben werden darf. Wenn Gott Liebe ist, dann kann diese Gottheit nicht gewollt haben, dass der nun Tote so verzweifelt war, dass nur noch der Suizid sich als Ausweg für ihn erwies. Diese Gottheit litt mit dem Leiden der Ausweglosen so, wie sie mit der Trauer der Hinterbliebenen leidet. Um aber mit solchen theologischen Überlegungen kirchlich nicht sozialisierte Mitmenschen nicht zu belasten oder zu frustrieren ist es wichtig, Gott auf dem schwierigen Weg der Trauer aus dem Spiel zu lassen.

Dass sich Ebo Aebischer als Theologe so engagiert zum Thema Suizid äußert, wäre vor noch nicht allzu langer Zeit unvorstellbar gewesen. Die Haltung der Kirche zu Selbsttötungen war lange gespalten, die ablehnende Einstellung beeinflusste Philosophen und Gelehrte jahrhundertelang und letztlich auch die gesellschaftliche, abendländische Einstellung gegenüber Suizid. Während sich das frühe Christentum offener gegenüber Suizidhandlungen zeigte, wie etwa bei Frauen, die als Märtyrerinnen ihr Leben opferten, verschärfte sich die Haltung ab dem 5. Jahrhundert. Radikale Stimme dabei war der Kirchenlehrer Augustinus (354-430), der das biblische Gebot: ›Du sollst nicht töten!‹ wenig kompromissbereit interpretierte. Für ihn stellte

Suizid eine Sünde dar, Gott allein herrsche über unser Leben, und nur ihm stehe es folglich zu, Leben zu beenden. Zudem vernichteten Suizidenten das von Gott geschenkte, heilige Leben – ein für Augustinus deutliches Zeichen für Ungläubigkeit. Im 6. Jahrhundert beschlossen die Konzilien, dass durch eigene Hand Gestorbene nicht kirchlich bestattet werden durften – diese Praxis wurde bis in die Anfänge des 20. Jahrhunderts vollzogen. Die Leichen wurden deshalb, analog zu Schwerstkriminellen, außerhalb der Friedhofsmauern beigesetzt. Ab dem 12. Jahrhundert galt Suizid für die Kirche als Todsünde. Das Rechtsbuch des katholischen Kirchenrechtes (CIC) verurteilte den Suizid, der entsprechende Kanon wurde erst Anfang der 1980er-Jahre gestrichen.[1] Vertreter der Katholischen Kirche betonen inzwischen, dass sie nicht die Suizidenten verurteilt, sondern die Handlung, auch wenn eine Selbsttötung unter anderem der Liebe zum lebendigen Gott widerspreche.[2]

Die christliche Kirche stand Suizidhandlungen lange Zeit nicht sonderlich verständnisvoll gegenüber.

Das ist richtig, und bis heute äußert sich die katholische Kirche zum Thema Suizid kritisch. In der Tat fühlen sich aber gewisse Standesvertreter dazu berufen, ihre Ansichten und ihren Glauben als Standard auszugeben. Meiner Meinung nach wird das Gottesvolk immer mehr von Ansichten der Oberen vor den Kopf gestoßen. Die mitunter geäußerten Meinungen zeugen von einer alarmierenden Unkenntnis der Ur-Kunde des Glaubens – sowohl des jüdischen als auch des christlichen. Kaum jemand von diesen Personen hat je zur Kenntnis ge-

---

1   Mösgen, Peter: Selbstmord oder Freitod? Das Phänomen des Suizides aus christlich-philosophischer Sicht. BPB-Verlag, Eichstätt 1999, S. 35-37.
2   Vgl. bspw. Interview der katholischen Presseagentur mit dem Abt Martin Wehrlen zum Thema Sterbehilfe, 20.11.2007: »Beihilfe zum Suizid ist Komplizenschaft an Hoffnungslosigkeit.« Internet: http://www.kath.ch/pdf/kipa_20071120160930.pdf [Zugriff: 11. 5. 2013].

nommen, dass im Alten Testament der Bibel von einer Tötung auf Verlangen und von acht Suiziden die Rede ist. Kein einziger dieser ›außergewöhnlichen Todesfälle‹ wird auch nur mit einem impliziten – geschweige denn expliziten – negativen Kommentar gewürdigt. Im Gegenteil. Einige der durch eigene Hand Verstorbenen wurden ›im Grabe ihrer Väter‹ beigesetzt – der höchstmöglichen Würdigung, die einem Verstorbenen zu biblischen Zeiten zuteilwerden konnte.

Wie kamen Sie als ausgebildeter Chemiker dazu, Theologie zu studieren?

Kurz nach unserer Heirat brachen meine Frau und ich nach Indien auf. Dort reisten wir während drei Monaten vor allem mit öffentlichen Verkehrsmitteln. Auf der Reise durch dieses riesige Land, zusammen mit einfachen Menschen und oft ihren Ziegen und Hühnern im Abteil, kamen wir in enge Verbindung mit den Glaubensvorstellungen der Mitmenschen. Wir erlebten aus nächster Nähe das Leben und Sterben der Bewohner unseres Gastlandes. Sehr vereinfacht könnte ihr Leben unter folgende Formel gestellt werden: ›Geboren, erzogen und religiös sozialisiert werden – den Verdienst des Lebensunterhalts erlernen – eine eigene Familie gründen – das Anerzogene und Gelernte weitergeben – die Heiligen Schriften studieren und sich vorbereiten auf den Tod.‹ Wir waren von dieser Gesamtschau eines Lebens so fasziniert, dass wir uns damals sagten, auch für uns wäre es sinnvoll, die Heiligen Schriften zu studieren und uns auf den Tod vorzubereiten. Wir gründeten in Folge eine Familie und ein medizinisch-diagnostisches Dienstleistungslabor und nutzten eines Tages die Möglichkeit, dieses florierende Geschäft zu veräußern. Als der skeptische amerikanische Käufer fragte, was ich wohl nun zu tun gedenke, antwortete ich spontan: ›Theologie studieren.‹

Als nach dem Abschluss des Theologiestudiums die Frage nach der Doktorarbeit aufkam, entschloss ich mich, mich vertiefter mit dem Sterben und dem Tod auseinanderzusetzen.

Warum ausgerechnet das Thema Suizid?

Ich wurde mit dieser extremsten Möglichkeit des menschlichen Handelns seit meiner Jugendzeit immer wieder konfrontiert und versuchte deshalb, Antworten darauf zu finden. Beim ersten Mal befand ich mich in der Ausbildung zum Laboranten, ich bekam einen Gerberlehrling zugewiesen, der einen Einblick in elementare, chemische Verfahren erlernen wollte. Eines Tages hieß es, er habe sich das Leben genommen. Ich konnte das damals im wahrsten Sinne des Wortes weder verstehen noch irgendwie nachempfinden. Immer wieder nahmen sich in den darauffolgenden Jahren Menschen in meinem Umfeld das Leben, Personen, von denen ich glaubte, sie gut gekannt zu haben. Nichts hätte mich vermuten lassen, dass sie eines Tages so weit gehen würden. Weder vermochte ich diese Suizide in mein Weltbild einzuordnen, noch war ich fähig, mich nach dem Ergehen bei den nächsten Hinterbliebenen zu erkundigen. Nach längerer Zeit besuchte ich in einem Fall schließlich doch die Eltern einer Bekannten. Ich bat ihre Mutter und ihren Vater um Verzeihung für mein langes Schweigen. Sie sagten mir, ich müsse mich nicht entschuldigen, es sei nach dem Tod ihrer Tochter niemand gekommen, um mit ihnen darüber zu reden. Diese Begegnung war für mich der Auslöser für meine späteren Aktivitäten auf diesem Gebiet.

Sie gründeten und leiteten Selbsthilfegruppen für Zurückgelassene nach Suizid.

Mich interessierte die Frage der seelsorglichen Begleitung Hinterbliebener nach dem Suizid eines Nächsten besonders. In einer

Selbsthilfegruppe teilen die Anwesenden ihr Schicksal, müssen keine Ausreden suchen und stellen fest, dass sie nicht die Einzigen mit dieser Last sind. Um mit diesen Trauernden in Kontakt zu treten, gelangte ich an ›Regenbogen‹ – eine der ersten Selbsthilfeorganisationen der Schweiz. Dort bekam ich die Gelegenheit, den Ablauf einer offenen Selbsthilfegruppe kennenzulernen. Da es sich bei diesem Verein um Hinterbliebene handelt, die ein Kind durch Suizid verloren hatten, wurde ich gewahr, dass es nichts dergleichen für Hinterbliebene nach dem Verlust einer Partnerin oder eines Partners durch Suizid gab. Auch die Funktionsweise der Gruppen schien mir nicht optimal. So begann ich Menschen um mich zu sammeln, denen die Verarbeitung eines Partnerverlustes durch Suizid ein Anliegen war. Von Anfang an achtete ich darauf, dass eine Gruppe mindestens sechs und höchstens zehn Teilnehmende umfasste und dass die regelmäßigen Zusammenkünfte sich über ein ganzes Jahr erstreckten. Sensible Daten, wie Geburtstage oder Weihnachten, werden dann miteinander erlebt.

In den Gruppen werden Themen wie Schuld, Scham, Sexualität oder Partnersuche angesprochen. Zudem erhalten die Betroffenen die Möglichkeit, ihre persönliche Geschichte zu erzählen. Es geht darum zu teilen, und zwar im wahrsten Sinne des Wortes: Sich mitzuteilen, also miteinander etwas teilen. Unter meiner Leitung zündeten wir jeweils eine Kerze an, und die Teilnehmenden konnten ihre Geschichte schildern, sie anschließend zu Hause niederschreiben und an einer folgenden Zusammenkunft erneut vortragen. Diese Praxis wird zum Teil bis heute betrieben. Die Verschriftlichung hat einen weiteren Vorteil: Liest man die Geschichte in fünf, zehn, ja zwanzig Jahren nochmals, merkt man, wie man weitergekommen ist.

Ihre größten Erfahrungen mit Hinterbliebenen machten Sie via Internet. Wie kamen Sie bereits in den 1990er-Jahren darauf, dass in diesem Bereich eine Nachfrage besteht?

Der Pionier für Internet-Seelsorge ist und bleibt Pfarrer Jakob Vetsch. Er hat die Internet-Seelsorge ins Leben gerufen und holte mich damals ins Boot, um die Rubrik ›Verlust und Trauer‹ zu betreuen. Er suchte ehrenamtlich Mitarbeitende, die bereit waren, ihr spezifisches Fachwissen einzubringen. Hatten die Hilfesuchenden einmal Vertrauen gefasst, entstanden intensive schriftliche Dialoge aus E-Mails, die bis zu sechs Seiten lang waren. Und während ich an der Analyse des mir Geschriebenen arbeitete, kamen andere E-Mails herein, die etwa lauteten: ›Ich kann nicht mehr. Jetzt mache ich Schluss.‹ Solche Zeilen erfordern eine unmittelbare Antwort. Zu Beginn dachte ich, ich formuliere fixfertige, schön klingende Sätze, die wie ein Pflaster auf jede Wunde passen. Doch nicht ein einziges Mal konnte ich einen solchen Satz brauchen, zu individuell waren die Geschichten. Beim E-Mail-Verkehr ging es in erster Linie darum, Antworten auf das zu suchen, was einem widerfahren ist, oder wie es weitergehen soll. Ich bot den Schreibenden von Anfang an das Du an. Und natürlich schrieb ich von meiner Anteilnahme und meiner Hilf- und Machtlosigkeit angesichts der mir mitgeteilten Widerfahrnisse: ›Ich bin hilf- und machtlos. Ich fühle mich in Anbetracht dessen, was dir passiert ist, zutiefst erschüttert. Und ich bin außerstande, dir zu helfen, wie du das vielleicht von mir erwartest. Ich kann nichts machen, muss hinnehmen, was du mir anvertraust. Aber ich möchte mit dir ein Stück des Weges gehen, bis du ihn wieder vertrauensvoll alleine gehen kannst.‹

Worin unterscheidet sich das persönliche Gespräch vom virtuellen Kontakt?

Das geschriebene Wort wiegt mehr als das gesprochene. Ein persönliches Gegenüber ist konkret, drückt sich verbal und nonverbal aus, redet mehr oder weniger frei und hat zugleich Angst, zu viel von sich und seinen Gefühlen preiszugeben, oder fürchtet, falsch verstanden zu werden. Als Gegenüber muss ich damit rechnen, beurteilt oder gar abgelehnt zu werden, dazu bedarf es einer anspruchsvollen Gesprächskultur. Schweigen etwa muss man aushalten können. Dieses Mitteilen des Erlebten wird wegen Schuld- und Schamgefühlen sehr oft durch die physische Anwesenheit einer fremden Person gehemmt.

Ganz anders sieht es bei der schriftlichen Kommunikation aus. Wie einem Tagebuch kann dem vorerst leeren, virtuellen Stück Papier alles anvertraut werden. Am Computer bekommt diese Form des Sich-Anvertrauens eine neue, bislang in dieser Form nicht möglich gewesene Dimension: Das Geschriebene kann beliebig oft durchgelesen, korrigiert oder wieder ganz verworfen werden, um einer besseren Version Platz zu machen. Zunächst kann ein Hinterbliebener völlig ungefiltert herauslassen, was seine Seele zum Überlaufen gebracht hat. Mit diesem Niederschreiben beginnt schon der Prozess der Verarbeitung. Die Angst, das Gesicht zu verlieren, besteht nicht, denn dieses bleibt verborgen. Und der Kontakt kann jederzeit ohne Begründung wieder abgebrochen werden. Umgekehrt bleiben das verschickte Geschriebene sowie die Antwort im Computer, und die Gesprächspartner können es jederzeit wieder durchlesen und überdenken. Durch diese Form kommt gegenüber der mündlichen Kommunikation eine zusätzliche positive Dimension zum Vorschein: Beim E-Mail-Austausch kann nichts ›überhört‹ werden.

Sind dabei Missverständnisse nicht vorprogrammiert?

Es ist die Herausforderung in der Internet-Seelsorge, das Anvertraute so einfühlsam und vorsichtig wie immer möglich zu analysieren, zwischen den Zeilen zu lesen und Rückfragen zu stellen. An dieser Stelle beginnt die filigrane Arbeit. Das Gegenüber muss erkennen, dass es wirklich verstanden worden ist – und, wie Sokrates es schon richtig erkannt hat, die Antworten auf die gestellten Fragen in sich selber finden. Diese Arbeit an sich selbst kann wunde Stellen zutage fördern, die bisher tief in einem selbst verborgen waren. Und das wiederum kann dazu führen, nichts weiter wissen zu wollen. Jeder dadurch erfolgte Abbruch des Dialoges war für mich schwer. Umso mehr freute es mich dann, wenn – offenbar nach einer hinreichenden Reflexionsphase – der Faden wieder aufgenommen wurde. Wenn das passierte, kam das Ende des Tunnels langsam in Sicht.

Virtuelle Seelsorge, das war zu Ihrer Zeit ein Novum. Weshalb sorgte Ihre Arbeit nicht für mehr Furore?

Ich versuchte bei den kirchlichen Verantwortungsträgern Gehör zu finden, um bezahlte Aus- und Weiterbildung von Internet-Seelsorgenden zu erwirken – doch erfolglos. Bis heute sind die Anbieter von Internetseelsorge weiterhin auf Freiwillige angewiesen, die sich nach ihrem je eigenen Dafürhalten in diese belastende Arbeit einlassen. Auch bei bekannten Anlaufstellen wie die ›Dargebotene Hand‹ stößt die Arbeit an Grenzen – nicht zuletzt wegen der Ehrenamtlichkeit. Ich bin überzeugt, dass die Krankenkassen bisher nicht erkannt haben, welches Ersparniskapital erzielt werden könnte, wenn professionelle Hilfe übers Netz geplagte Seelen entlasten würde. Selbst die Fakultäten der Psychiatrie, Psychologie und Theologie unserer Universitäten haben es bisher verfehlt, gezielt auf eine Ausbildung für Internet-Seelsorgende hinzuarbeiten; denn das Bedürfnis danach ist meiner Meinung nach immens. Ebenso könnten die neuen Medien eine bedeutende Rolle spielen, wenn sie gezielt und kontrolliert die Hilfesuchenden anzusprechen in der Lage wären. Das bedingt aber eben eine professionelle, Sprach- und Landesgrenzen überschreitende Zentrale. Ein solches Konzept umzusetzen wäre eines entsprechenden Forschungsauftrags würdig.

Haben Sie sich in Ihrer Zeit als Internet-Seelsorger überhaupt vom Computer weggetraut?

Es war tatsächlich so, dass ich den Computer Tag und Nacht laufen ließ und nur mit schlechtem Gewissen schlafen ging. Und wenn ich dann am nächsten Morgen den Faden wieder aufnahm, waren mitunter schon zwei oder drei neue Mails zur Beantwortung in der Warteschlaufe. Das zehrte auch an meiner physischen und psychischen Gesundheit. Schließlich so stark, dass ich meiner Familie zuliebe eines Tages den Entschluss fasste, Schluss zu machen mit der Seelsorge übers Internet. Mit der Zeit haben diese schweren Schicksale meine Frau und mich psychisch immer mehr belastet. Als unsere Töchter uns gemeinsam mitteilten, sie würden uns mit unseren traurigen Mienen nicht mehr gerne besuchen, zogen wir die Bremse. Ich will nicht an meinem eigenen Grab meine Kinder klagen hören, wir hätten für alle Zeit gehabt, nur nicht für sie.

Zur Person

Ebo Aebischer-Crettol, Jahrgang 1936, wuchs im ostdeutschen Sachsen auf. Seit den 1950er-Jahren lebt er in der Schweiz. Der studierte Chemiker und seine Frau ließen sich später zu Theologen ausbilden, er dissertierte zum Thema Suizid.

Aebischer arbeitete als Beauftragter der Landeskirche als Seelsorger für Suizid-Betroffene. Er ist Autor des Buches »Aus zwei Booten wird ein Floß. Suizid und Todessehnsucht. Erklärungsmodelle, Prävention und Begleitung.« Als ehemaliger Offizier hat sich Aebischer 2011 für die Waffeninitiative in der Öffentlichkeit starkgemacht. Der pensionierte Pfarrer gründete Ende der 1990er-Jahre die erste Selbsthilfegruppe für Hinterbliebene nach Suizid eines Partners und später den heute noch schweizweit aktiven Verein Refugium.

**»Ich würde nicht mit ihm reden wollen,
ich würde lieber mit ihm tanzen gehen.«**
Sascha Bschor (SB), 45, Vertriebs- und Marketingleiter

**»Ich glaube, er hätte sich nicht das Leben
genommen, wäre er selbst Vater gewesen.«**
Max Bschor (MB), 42, Jurist

Sascha, Chris und Max Bschor kamen im Abstand von zwei Jahren zur Welt. Die Geschwister wurden im süd- westlichen Bayern groß und standen im besten Karri- erealter, als der Mittlere mit 32 Jahren Suizid beging. Die hinterbliebenen Brüder haben gelernt, den Namen des Verstorbenen zu erwähnen, ohne die Atmosphäre an einer Familienfeier zu vermiesen.

Feierabendstimmung in einem übervollen Restaurant im Herzen Zürichs. Sascha Bschor hat das Lokal für ein erstes Treffen vorgeschlagen, er winkt von einem der schmalen Holztische an der Fensterfront; vor ihm steht ein Glas Weißwein. Um ihn herum ziehen die Gäste Bilanz über den zu Ende gegangenen Arbeitstag, Geplänkel füllt den hohen Raum, Gläser scheppern. Zürich ist das zweite Zuhause des Augsburgers. Hier lebte er mehrere Jahre und pendelt aus beruflichen Gründen bis heute zwischen Deutschland und der Schweiz. Im Internet gibt die Suchmaschine preis, dass er als Vertriebsleiter in der deutschsprachigen Verlagsszene tief verwurzelt und ein hervorragender Netzwerker und Berater sei. Der stattlich gebaute Mann spricht mit dem Klang eines Seelöwen, dabei hindert ihn die gedrängte Tisch-Atmosphäre nicht, die Schattierungen seiner Lebensgeschichte in Einzelheiten nachzuzeichnen. 2001 nahm sich sein um zwei Jahre jüngerer Bruder das Leben. In den Folgejahren organisierte die Familie Bschor in München ein Symposium zum Thema Suizid; aus dem Versuch, der Tragik etwas Fruchtbares abzugewinnen, wurde ein Anlass mit weitläufiger Resonanz.

Inmitten der ausgelassenen Stimmung legt Sascha Bschor die Abschiedszeilen seines Bruders auf den Tisch, es sind Erklärungen zu einem Akt, der sein Leben wie nichts zuvor auf den Kopf stellte. Diesen Brief trägt er stets im Portemonnaie mit sich. Das Schreiben wirkt wohlüberlegt. »Jeder Mensch ist frei«, bemerkte sein Bruder, als würde der Begriff ›Freitod‹ in seinem Fall tatsächlich zutreffen. »Sein Tod hat mir eine neue Sichtweise verliehen«, erklärt Sascha Bschor, »in der provokativsten Haltung sage ich manchmal: Der Verlust hat mir auch viel gegeben.« Er wisse, das sei radikal.

»Das Jahr 2001 hat mich durchgeschüttelt. Ich trat eine Kaderstelle an und musste mich bewähren. Meine Ehe war angespannt, unser Haus gehörte fast vollständig der Bank. Unsere Tochter war damals zwei Jahre alt, im Frühling kam das zweite Kind, unser Sohn, zur Welt. Ende Mai hat mein Bruder zu einem großen Geburtstagsfest geladen. Im Nachhinein weiß ich, dass viele Suizidenten vor ihrem Tod ein Hoch erleben. Mein Bruder feierte ausgelassen mit all seinen Freunden und Bekannten. Ein paar Tage später hat sich Chris das Leben genommen. Für den Tag nach seinem Tod hatte er sich mit mir zum Rasenmähen verabredet.

Wir ahnten nichts von seinen Plänen. Selbst wenn die Befürchtung, dass Chris sich umbringen könnte, immer bestand, habe ich ihm diesen endgültigen Schritt nicht zugetraut. Ich glaubte, ihm fehle der Mut dazu. Doch eigentlich passt ein solcher Tod zu ihm: Denn wie alles in seinem Leben hat er auch diese Entscheidung radikal und gründlich vollzogen. Er fuhr mit dem Auto auf eine abgelegene Wiese, nahm ausreichend Benzin und Streichhölzer mit. Seinen Geldbeutel hatte er neben das Auto gelegt – damit es den Rettungskräften einfacher fällt, ihn zu identifizieren. Durch diese Suizidmethode hat Chris uns die Möglichkeit geraubt, ihn nochmals zu sehen und Abschied von ihm zu nehmen.

Die Polizei informierte mich erst einen Tag nach seinem Tod. Sehr professionell. Das meine ich ironisch. Wie beiläufig haben zwei Streifenpolizisten bei mir geklingelt. Sie hätten mich nicht erreicht, behaupteten sie. Zu diesem Zeitpunkt befanden sich unsere Eltern in Südfrankreich im Urlaub; mein Bruder Max wohnte in Düsseldorf. Also lag es an mir, Chris' Suizid allen mitzuteilen. Mein Vater fuhr sofort nach Hause, ich frage mich heute noch manchmal, wie er diese Strecke in seinem Zustand geschafft hat. Wir haben in diesem Moment alle einfach funktioniert.

In den ersten Stunden, nachdem ich von seinem Tod erfuhr, wollte ich noch an eine Verwechslung glauben. Wir Männer in der Familie tragen alle einen ähnlichen Fingerring, jeder etwas anders geformt. Als der Polizist mir den Plastiksack mit Chris' Ring zeigte, brach etwas in mir auseinander, sein Schmuckstück war die endgültige Gewissheit.

Am Abend schließlich saß ich zu Hause und stellte fest: Ich konnte diese bevorstehende Nacht unmöglich allein verbringen. Meine Frau hatte ich mit unseren Kindern augenblicklich zu meiner Schwiegermutter außerhalb von Augsburg geschickt. Also bat ich einen Freund, bei mir auf dem Sofa zu schlafen. In jener Nacht nach seinem Tod war ich furchtbar wütend. Danach nie mehr, aber in diesen ersten Stunden schrie ich immer und immer wieder. Ich nannte ihn Arschloch und habe ihn verflucht. Interessanterweise weniger wegen mir, sondern vor allem wegen der Eltern. Nie hätte ich gedacht, dass er unserer Mutter so etwas antun würde. Heute denke ich: Wenn er ihr schon diesen Schmerz zugefügt hat, dann lastete das andere, das, was ihn dazu bewog, sich umzubringen, noch viel schwerer. Sonst hätte er das nicht gekonnt, davon bin ich überzeugt.

Chris beschäftigte sich sehr stark mit ethischen Fragen. Er widmete seine Doktorarbeit in Philosophie der Fragestellung: Was bleibt von den Menschenrechten, wenn man die religiösen Werte weglässt? Ein hoch spannendes Thema. Manchmal denke ich, dass ich gerade aufgrund seines beruflichen Hintergrundes einen konstruktiven Umgang mit seinem Tod gefunden habe. So brachte er mich mit seinen Anstößen immer wieder dazu, Dinge aus einem anderen Blickwinkel zu betrachten. Anlässlich seines Todestages versuchte meine Familie vielleicht auch deshalb, Chris' philosophischer Sichtweise gerecht zu werden: Nach seinem Suizid haben wir drei Jahre hintereinander zusammen mit der Hochschule für Philosophie in München ein Symposium veranstaltet. Den Titel ›Wie frei ist der Mensch?‹ haben wir Chris' Abschiedsbrief entnommen. Ja, man kann sagen, dass die Veranstaltung ein Versuch war, aus diesem einschneidenden Erlebnis etwas Positives zu gestalten. Es ist etwas anderes, mit Wissenschaftlern über den Tod zu sprechen als mit der eigenen Familie. Das Symposium fand großen Anklang; wir waren sehr erfolgreich. Unter den Referenten nahm in einem Jahr sogar die Literaturnobelpreisträgerin Herta Müller teil. Es trafen Theologen auf Psychologen auf Literaten auf Mediziner. Sie alle beschäftigten sich auf ganz unterschiedliche Art und Weise mit dem Thema Suizid. Wir gründeten einen Verein, um Spender für das Symposium zu gewinnen. Nach drei Jahren aber kam es diesbezüglich zu Differenzen innerhalb der Familie. Ich habe mich sehr stark dafür gemacht, dass wir mit der Reihe fortfahren. Die Mehrheit aber war nicht einverstanden, dass wir für diese Sache quasi betteln gingen. Damit fand die Veranstaltungsreihe ihr Ende.

Es ist sinnlos, ständig nach dem Grund zu suchen. Diese Frage führt immer in den Wald. Sie bewirkt nichts, im Gegenteil, sie zieht einen nur runter. Ich frage heute lieber: ›Wozu?‹ Dies ist viel konstruktiver. Meine Mutter hingegen hängt leider bis heute an der quälenden Warum-Frage. Ich glaube nicht, dass mein Bruder depressiv war. Der Begriff ›Depression‹ ist eine Modeerscheinung und geht mir auf die Nerven. Man rät den Leuten, wieder normal zu sein. Doch, was ist schon normal? Chris schrieb in seinem Abschiedsbrief, nicht jeder müsse 80 Jahre alt werden. Er hat die Vorstellung des ewigen Lebens hinterfragt. Normal ist in unserer Gesellschaft, wer ein hohes Alter erreicht. Dabei kann es doch durchaus sein, dass jemand ›schräg ins Leben geboren‹ wurde. Chris trug von Kindesalter an diese Schwermut in sich. Bezeichnenderweise hat er immer wieder versucht, diese zu überwinden oder sich mit extremen Dingen am Leben zu halten. Sein Umfeld bewunderte ihn dafür und sagte über meinen Bruder: ›Wow, was der alles macht.‹ Er wohnte eine Zeitlang in Afrika, sprang Fallschirm und lief zu Fuß quer durch die Alpen.

An Familienfesten wie Weihnachten oder Ostern denke ich bis heute manchmal: ›Du Idiot, wir könnten es so schön haben.‹ Meine Mutter verspürt besonders an Feiertagen stark das Bedürfnis, über ihn zu sprechen. Sie gibt uns zeitweise das Gefühl, wir hätten ihn vergessen. Dann sagt sie in den unpassendsten Momenten: ›Darüber hätte sich Chris jetzt gefreut.‹ Oder: Ich lege jeweils eine weiße Rose auf sein Grab. Sieht meine Mutter dies, ruft sie mich jedes Mal an und bedankt sich bei mir. Absurd, nicht? Kürzlich sagte sie zu mir: ›Weißt du, seit elf Jahren geht es nur noch bergab.‹ Ich bin zusammengezuckt. Was ist mit ihren anderen Söhnen und mit den Enkelkindern? Man muss unserer Mutter manchmal klarmachen, wie viel Raum eigentlich der Tote in ihrem Leben einnimmt und wie wenig die noch Lebenden.

Trotzdem sind uns meine Mutter und ich im Umgang mit Chris' Tod ähnlich, wir sprechen oft über ihn. Mein Vater hingegen trägt das Herz nicht auf der Zunge. Auch mein Bruder Max ist weniger redselig als ich. Chris war das Bindeglied zwischen dem Jüngsten und mir, dem Ältesten. Wir zwei noch lebenden Brüder trauern unterschiedlich. Zum Todestag schreibt mir Max eine kurze SMS.

Bis heute befinde ich mich dauernd in einem Zwiegespräch mit Chris. Er war mein größter Kritiker – und behielt, was mich betrifft, oft recht. Elf Jahre sind es nun her. Es fällt mir schwer, mir vorzustellen, wie er heute aussehen würde. Mein Bruder wird nicht älter, er bleibt für immer 32 Jahre alt.«

Trauern ist ein individueller Prozess. Wie geht Saschas Bruder Max mit dem Suizid von Chris um? Welche Unterschiede zwischen ihnen gibt es, welche Gemeinsamkeiten? Und wie erleben die beiden sich heute im Umgang mit ihren Eltern? Ein halbes Jahr später in Augsburg. Sascha Bschor und sein vier Jahre jüngerer Bruder wohnen beide mittlerweile nicht weit voneinander entfernt in ihrer Heimatstadt. Auf halber Strecke steht das Haus ihrer Eltern. Beide sind beruflich angekommen: Max etablierte sich als Experte für Energierecht und ist Partner in einer großen Wirtschaftskanzlei in München, Sascha arbeitet als selbstständiger Vertriebsmann. Der Empfangsraum seiner kleinen Firma zollt seiner Verbundenheit mit Zürich Tribut: Auf einer großformatigen Fotografie diskutieren Max Frisch und Friedrich Dürrenmatt im Tabakdunst der Zürcher Kronenhalle. Sascha Bschor lebt von seiner Frau getrennt in einer neuen Beziehung, die gemeinsamen Kinder sieht er aber regelmäßig. Auch Max ist Vater und verheiratet. Im Einzelgespräch skizzierte der Erstgeborene seinen jüngeren Bruder als von ihm sehr unterschiedlich. »Ein typischer Jurist halt«, sagte er. Max Bschor ist bestimmt keiner, der drauflosplaudert, er überlegt, was er und vor allem wie er etwas sagt. Doch so nüchtern und abgeklärt, wie man es vermuten würde, wirkt er im Gespräch zu dritt keineswegs.

Gastgeber Sascha Bschor serviert Büchsenbier aus dem Kühlschrank und legt ein vergrößertes Foto auf den Tisch. Es zeigt drei junge, attraktive Männer, alle mit dichtem, lockigem Haar im Grünen. Chris sitzt in der Mitte hinter Sascha und Max. Und lacht am breitesten.

Max Bschor, hätten Sie das Symposium auch fortführen wollen?

MB — Ich war dafür, dass wir die Reihe einstellten, denn irgendwann war die Veranstaltung nicht mehr unsere. Es war eine andere Liga, die über Suizid debattierte. Ich sehe mich nicht in der Lage, mit einer Herta Müller auf Augenhöhe zu diskutieren. Wir sammelten Geld bei Freunden, damit andere Leute eine hochgeistige Plattform bekamen. Das hatte zuletzt nicht mehr viel mit Chris zu tun.

Die Haltung ›Der Mensch ist frei‹ hat Chris in seinem Abschiedsbrief thematisiert. Und Sie haben den Satz auf das Symposium übertragen. Helfen diese Worte, eine solche Entscheidung zu akzeptieren?

MB — Sein Tod hat mich in letzter Konsequenz nicht überrascht, ich habe ein Stück weit immer damit gerechnet. Er hat zeitlebens versucht, den Boden unter seinen Füßen zu bewahren. Das war auch für uns anstrengend. Denn immer wieder hat er alles von Neuem hinterfragt. Chris hatte bereits einmal einen Suizidversuch unternommen. In einem Tagebuch stand, dass er seit der sechsten Klasse Todessehnsüchte verspürte. Sein Philosophiestudium hat er wohl auch gewählt, um dieses Thema zu vertiefen. Die Tat hat er bis ins letzte Detail geplant, deshalb denke ich, dass seine Entscheidung eine freie war. Doch klar, als Sascha mich damals angerufen und nur mitgeteilt hat, Chris sei tot, war das ein unbeschreiblicher Schock.

Vielleicht lege ich mir das im Nachhinein zurecht, aber ich stand in der Nacht vor Saschas Anruf im Bad in meiner Düsseldorfer Wohnung und spürte aus dem Nichts auf einmal ganz stark Chris' Präsenz. Das war ein intensives Gefühl. In diesem Augenblick war er allerdings bereits tot. Ich ging wieder ins Bett. Und am nächsten Morgen hat Sascha angerufen und mir diese Nachricht übermittelt. Meine einzige Frage war, wie komme ich am schnellsten nach Augsburg. Schließlich saß ich im Flugzeug und habe nur noch geweint. Ich verspürte aber auch eine unglaubliche Wut in mir. Wie unfair von ihm es war, dass er sich auf diese Weise aus der Affäre zog!

Am Anfang kannst du die ganze Tragik nicht erfassen. Doch ich habe keine Sekunde gedacht, dass es sich um eine Verwechslung handeln könnte. Ich hatte keine Hoffnung.

SB — Die Situation bei der Polizei. Erinnerst du dich an seinen Ring in diesem Plastiktütchen? Das war schon massiv, nicht?

MB   — Ja, es gab keinen Zweifel. Es war klar, dass es die Eltern hart trifft. Wir zwei Brüder haben alles organisiert, die Formalitäten erledigt und sofort die Verantwortung übernommen. Das ging bis ins Unvorstellbare. Etwa, dass wir seinen Sarg und auf dem Friedhof für ihn einen Grabplatz aussuchen mussten. Danach trauerte jeder für sich alleine. Man kann gar nichts Gemeinsames machen, außer sich anschauen und denken: ›Was für eine beschissene Situation.‹

SB   — Ein Punkt war noch, Mama klarzumachen, dass sie ihn nicht mehr sehen wird.

MB   — Sagen wir es so: Dass es besser wäre, ihn nicht zu sehen. Es war ihre natürliche Reaktion, den Sohn nochmals sehen zu wollen.

SB   — Es ist normal, dass sich eine Mutter fragt, wo ihr Kind ist. Da unterscheidet sich das Gefühl einer Mutter wahrscheinlich stark von demjenigen der Geschwister. Auch wenn ihr zwei sehr eng miteinander wart, viel enger als Chris und ich.

MB   — Ja, wir gingen zusammen auf die gleiche Schule, haben damals viel Blödsinn gemacht und auch während des Studiums zusammengewohnt. Es scheint mir heute logisch, dass, wenn einer von uns Brüdern sich umbringen würde, Chris es war. Er hat stets mit dem Leben gehadert. Keiner kann behaupten, dass er immer fröhlich und wahnsinnig glücklich war.

Auf diesem Foto vor uns auf dem Tisch hört man ihn förmlich lachen. Alles nur Fassade?

SB   — Das Bild hat Seltenheitswert.

MB   — Er hat schon oft Spaß gemacht, aber das waren Momentaufnahmen. Er war ein guter Schauspieler. Chris hat sich einmal selbst in die Klinik eingeliefert und nahm in dieser Zeit auch Medikamente. Das waren Dinge, die er uns Brüdern nicht erzählt hat. Unsere Mutter wusste mehr.

SB   — Ich habe auch nicht alles ernst genommen. Zum Beispiel sagte die Mutter kurz vor seinem Tod: ›Er will, dass ich ihn loslasse. Doch das schaffe ich nicht.‹ Chris tauschte sich offensichtlich bereits mit der Mutter über seine Pläne, uns zu verlassen, aus. Er hat mehr oder weniger um ihre Absolution gebeten. Vielleicht haben ihm auch die Medikamente die nötige Kraft dazu gegeben. Und ich glaubte fatalerweise, dass ihm letztlich dieses Quäntchen Mut fehlen würde.

MB — Es gab zum Zeitpunkt seines Todes Leute, die waren viel enger mit Chris verbunden als wir. Die müssen sich vielleicht eher den Vorwurf machen, nicht reagiert und seine Aussprüche nicht ernst genommen zu haben. Aber ich möchte hier eigentlich niemandem einen Vorwurf machen. Das will ich mir nicht anmaßen.

SB — Wir hatten ja noch seinen Geburtstag gefeiert. Da waren die meisten seiner Kommilitonen und Freunde dabei, ein großer Kreis.

MB — Ich leider nicht.

SB — Chris war gut drauf, er hatte eine hübsche kleine Wohnung gemietet, sich Balkonmöbel gekauft und eine Art Heimat geschaffen. Es sieht gut aus, dachte ich mir damals.

MB — Rückblickend hatten wir unterbewusst häufig das Gefühl, er rutscht irgendwie ab. Es war eine Erleichterung, wenn Chris in unseren Augen etwas Positives erreicht hatte. Ich will das vorsichtig formulieren: Ein Stück weit war Chris auch eine Art Hemmschuh in unserer Familienkonstellation. Er schob sich mit seinem permanenten Hinterfragen des tieferen Sinns des Lebens und dem in Frage Stellen unserer in seinen Augen oberflächlichen, eher materialistisch orientierten Lebensführung manchmal wie ein Keil zwischen uns. Seine Debatten säten oft Streit und Zwist. Wir gingen dann auseinander und dachten alle: ›Was für ein Scheißabend.‹

SB — Es war anstrengend.

MB — Ja, er hat häufig für Unruhe gesorgt, weil er einen immer wieder an der eigenen Lebensführung zweifeln ließ. Es ist insofern heute bequemer, weil er keine kritischen Lebensfragen mehr stellt. Wir brauchen nicht andauernd ein schlechtes Gewissen zu haben, dass wir unsere Entwürfe für ein gelungenes

Leben nicht immer grundsätzlich infrage stellen. Doch er hat auch sehr viel Gutes angeregt. Diese Diskussionen und das Hinterfragen gaben oft positive Anstöße, die heute definitiv fehlen.

Max Bschor verstummt für eine Weile und dreht die Bierbüchse in seiner Hand.

MB   — Man darf nicht sagen, dass sein Abgang was Positives ausgelöst hatte.

SB   — Doch, das darfst du. Sein Tod hat mich irgendwie weitergebracht.

MB   — Wir haben uns implizit immer um ihn gesorgt, Chris musste immer wieder Tiefschläge einstecken. Kaum hatte er seine Wohnung häuslich eingerichtet, da entschied sich seine Lebensgefährtin dafür, ausgerechnet im Ausland zu arbeiten.

SB   — Er unterstützte sie, doch er hätte wohl gerne den Versuch gewagt, ein quasi spießiges Leben zu führen, etwas Gemeinsames aufzubauen. Er musste auch feststellen, dass die anderen Freunde sich entwickelten und sich mehr und mehr dem Bürgerlichen zuwandten: Sie waren sogenannt vernünftig und verdienten ihr Geld, er hingegen lieferte vor allem den geistigen Input.

MB   — Manchmal kam ich am Nachmittag bei ihm in der Wohnung in München vorbei, und es war offenkundig, dass er den ganzen Tag in der Bude hockte und nicht in der Lage war, etwas zustande zu bringen. Chris hatte schon immer eine spezielle Rolle in der Familie. Nach dem Studium habe ich eine Familienaufstellung gemacht. Da kam heraus, dass Eltern dazu neigen, ihrerseits verstorbene Elternteile in ihre Kinder zu interpretieren. Der Vater unserer Mutter hat sich umgebracht. Ich kann mir gut vorstellen, dass die Mutter in Chris ihren Vater gesehen hatte. Die beiden waren eng verbunden.

SB   — Wir haben alle eine tiefe Bindung zu unserer Mutter. Alle drei auf ganz unterschiedliche Art.

MB   — Ja, aber sie hat sich sehr an ihn geklammert.

SB — Bei uns gab es eine klare Positionierung. Ich habe Buchhändler gelernt und dann die Verlagsvertreterei gemacht. Als ich meiner Mutter erklärte, dass ich künftig Buchhandlungen besuche und ihnen Bücher verkaufen werde, war ihr erster Kommentar: ›Aha, Klinkenputzer.‹ Das habe ich nicht vergessen. Damit hatte ich schon den guten Letzten gemacht. Und du, Max, nahmst den zweiten Platz ein, du hast schließlich Abitur gemacht und Juristerei studiert, eine vernünftige Sache. Und du warst sehr erfolgreich. Aber das konnte nie an die Aura von Chris' Philosophiestudium heranreichen, und das auch noch an der Jesuitenhochschule in München.

MB — Möglicherweise hat sich auch Vaters Bruder das Leben genommen.

SB — Glaubst du?

MB — Ja, ich meine, der Vater hält das auch für nicht ganz unwahrscheinlich. Er ist auf eine mysteriöse Art und Weise bei einem Autounfall ums Leben gekommen. Man weiß es nicht.

SB — Davon wusste ich nichts. Du hast vorhin gesagt, Chris hat vor seinem Tod schon mal einen Suizidversuch unternommen.

MB — So steht es in seinem Tagebuch. Er ließ unter anderem deswegen davon ab, weil deine Tochter geboren war. Ab und zu denke ich, wir hätten noch so vieles zusammen erleben, so viel Spaß haben können. Zugleich kann ich nachvollziehen, dass er geschrieben hat, der Sprit sei ihm mit 30 endgültig ausgegangen. Ich muss auch sagen, so tolle Erfahrungen hat das Leben wirklich nicht immer zu bieten.

SB — Wir beide haben irgendwann mal akzeptiert, dass die Situation ist, wie sie ist. Diese Warum-Frage hat uns nicht mehr beschäftigt.

MB — Am Anfang sucht man noch gemeinsam nach Ursachen. Da ist noch keine eigentliche Trauer da. Das Gute bei uns Geschwistern war: Wir steckten damals selbst mitten im Leben. Wir waren erst Anfang dreißig.

SB — Ja, aber das war auch eine Herausforderung. Ich hatte meinen neugeborenen Sohn zu Hause und stand jobmäßig enorm unter Druck. Ein paar Tage nach Chris' Suizid hat mein Chef mir mitgeteilt, ich müsste auf einer Betriebsfeier antanzen. Und das in meiner Funktion als Kadermitglied. Ich sagte, es geht unmöglich – doch ich blieb damit chancenlos.

MB — Für uns beide ging das Leben weiter, Mutter und Vater hingegen gingen in Rente. Kein Wunder, beginnt man da in Fotoalben zu blättern und sich auch Zeit für die Vergangenheit zu nehmen. Ein saublöder Zeitpunkt.

Für unsere Mutter ist es bis heute wichtig, dass wir Chris erwähnen. In den ersten Jahren nach seinem Tod war es extrem: Eine Familienfeier, ohne über Chris zu sprechen, war kein gutes Fest. Sie hat uns dann unterstellt, dass wir nicht an ihn denken würden, ja, ihn quasi vergessen hätten. In ihren Augen sah es so aus, als sei sie die Einzige, die trauert. Unterdessen habe ich Methoden entwickelt, um das Thema elegant einfließen zu lassen, ohne ihn in den Mittelpunkt zu stellen. Aus meiner Sicht ist es falsch, die ganze Familienfeier um Chris zu gestalten. Die Lücke, die er hinterlassen hat, lässt sich so oder so nicht füllen.

SB — Es passiert mir zum Teil automatisch, dass Chris bei solchen Anlässen einen gewissen Raum einnimmt. Auf einmal dreht sich bei mir ein Schalter. Das letzte große Fest war die goldene Hochzeit unserer Eltern. Ich hielt eine Rede, und kaum hatte ich ein paar Takte gesagt, schossen mir die Tränen in die Augen. Meine Stimme versagte.

MB — Deswegen ist es auch schwierig, ihn bei solchen Veranstaltungen bewusst ins Zentrum zu stellen. Die hohe Kunst liegt eben darin, seinen Namen zu nennen, ohne die Stimmung zu verderben. Ich muss bei solchen Situationen auch die Tränen unterdrücken. Aber du kannst dich darauf auch vorbereiten: An dieser Stelle zweimal schlucken und dann nimmst du die Hürde, machst vielleicht sogar einen Witz. Das hätte ihm auch gefallen.

SB — Es gab vor allem in der ersten Zeit nach seinem Tod einige Versuche unserer Mutter mit der Brechstange, Chris nicht in Vergessenheit geraten zu lassen. Sie fragte zum Beispiel oft: ›Was hätte Chris wohl gesagt, wenn er uns hier jetzt sehen würde?‹

MB — Das relativiert sich mit den Jahren. Denn inzwischen weiß kein Mensch mehr, was er sagen würde. Ich habe auch nicht das Gefühl, ich müsse meiner Mutter ein besonders guter Sohn sein. Außer eben, dass ich ihn im Gespräch einfließen lasse. Das tue ich auch unserer Mutter zuliebe.

SB — Aber mich würde schon interessieren, wie er heute aussähe. Chris bleibt für immer Anfang dreißig. Ihm wächst weder ein Bierbauch, noch fallen ihm die Haare aus. Er wird immer dieser junge, taffe Kerl bleiben. Das schafft ja auch unbewusst eine Distanz von uns zu ihm.

MB — Ja, man verliert nach und nach den Bezugspunkt zu ihm. Wir kennen ihn nicht mehr. Mit den Jahren sind wir ja auch aus diesen Gedanken herausgewachsen, haben uns weiterentwickelt. Und er ist durch seinen Tod stehen geblieben. Wer weiß, vielleicht wäre er heute der Spießigste von uns allen.

Es gibt auch keine Regel, wie man ordentlich zu trauern hat. Soll ich fünf Tränen verdrücken oder fünf Monate untertauchen? Ich erinnere mich noch gut an die Stimmung, als ich von der Beerdigung in Augsburg nach Düsseldorf zurückgekehrt bin. Ich saß in meinem Büro, und niemand sprach mich aktiv auf den Tod meines Bruders an. Alle wussten, was geschehen war, doch keiner konnte damit umgehen. Ein solches Thema wird meistens totgeschwiegen, wenn es die Betroffenen nicht selbst ansprechen. Erfahre ich heute von einem Suizid, frage ich nach. Ich komme als Betroffener glaubwürdiger daher, denn ich kann sagen: Ich weiß sehr gut, wie es dir geht.

SB — Es ist ja auch schwierig, das Thema in irgendeiner anderen Form als Mitleid anzusprechen. Der Tod, ein Suizid insbesondere, ist ein fürchterlich heikles Thema. Es gab zum Beispiel Menschen im Umfeld unserer Eltern, die verhielten sich uns gegenüber nach Chris' Tod so, als seien ihre eigenen Kinder gestorben. Wir mussten sie trösten!

MB — Ja, ich erinnere mich. Trauern ist außerdem kein endlicher Moment. Man kann nicht sagen, so jetzt habe ich fertig getrauert. Der Verlust kommt immer wieder hoch und begleitet einen ein Leben lang. Was heißt überhaupt Trauern? Im Prinzip spiegelt es die eigenen Lebenssituationen wider. Es gibt Augenblicke, in denen meine Emotionen hochkochen. Das ist mir zum Beispiel einmal während des Oktoberfests passiert. Chris hat dort jahrelang gearbeitet, und ich traf zufällig auf einen Freund von ihm. Betrunken wie ich war, übermannten mich auf einmal meine Gefühle, ich saß am Straßenrand und habe nur noch geheult. Meine Frau war zum Glück bei mir und schleppte mich nach Hause. Solche Zusammenbrüche sind aber relativ selten. Dann wiederum gibt es Phasen, in denen mich sein Verlust gar nicht berührt. Das eigene Leben geht halt weiter.

SB — Mir gefällt unser Silvestertelefon. Wir zwei Brüder rufen uns jeweils an und teilen uns mit, wo wir gedanklich sind.

MB — Das kriegt niemand mit. Sascha und ich stoßen am Jahresende auf Chris an. Das passt zu ihm, denn er hätte nicht gewollt, dass wir trauern und ihn sogar bemitleiden. Bei einem Unfall kann man sagen, das Opfer konnte nichts dafür. Chris hat seinen Tod bis zum letzten Moment durchdacht, er wollte sich einfach nicht mehr mit seinem Leben herumschlagen. Wir brauchen uns nicht schuldig zu fühlen.

Sprechen Sie oft über seinen Tod?

MB — Selten, denn es gibt so gut wie keinen außerhalb der Familie, den das interessieren würde. Außer vielleicht, wenn mich jemand direkt nach meinen Geschwistern fragt.

SB — Das ist eine Stolperfrage. Ich sage nie, ich hätte bloß einen Bruder.

MB — Ich sage, ich habe zwei Brüder. Basta. Und dann kommt es darauf an, ob einer nachfragt.

SB — Einer lebt noch, der andere nicht.

MB — An diesem Punkt merkt man, ob jemand wirklich an einem interessiert ist. Das ist ein Gradmesser für mich, wie sensibel die Leute sind.

SB — Mein Leben hat sich grundlegend verändert seit seinem Tod. Ich empfinde die Begrifflichkeiten wie Leben und Tod ganz anders, setze mich permanent mit der Endlichkeit auseinander. Das natürlich gerne auch mal in Verbindung mit Alkohol. In solchen Augenblicken denkt man einfach nur noch: Was soll dieser ganze Mist?

MB — Aber Chris' Suizid ist nur der Auslöser. Eigentlich geht's bei solchen Tiefpunkten immer um die eigenen Probleme.

SB — Genau. Dann gebe ich mir einen ordentlichen Schluck Rotwein. Umbringen würde ich mich aber selbst in diesen Momenten nie. Wenn mir das je passieren würde, dann durch ein blödes Unglück, etwa, weil ich irgendwie gestolpert bin. Ich hätte nie den Mut, auf diese präzise, durchgeplante Art, wie Chris es tat, aus dem Leben zu scheiden. Auch wenn ich den Gedanken an Suizid kenne.

MB — Mein Bruder hat sich in einer sehr ungebundenen Phase das Leben genommen. Er hatte zwar eine Partnerin, aber keine Kinder. Damals kannte ich auch solche Momente, in denen mir alles egal war und ich keinen Sinn im Dasein sah. Doch ich bin eher ein rationaler Mensch. Mittlerweile habe ich mir viele Rahmenbedingungen geschaffen, die mir Halt im Leben geben. Wie mein eigenes Kind zum Beispiel.

SB — Ich glaube, ein eigenes Kind bindet einen wahnsinnig an das Leben.

MB — Auf diese Erfahrung hat Chris bewusst verzichtet. Er wollte die Verantwortung nicht tragen. Mich würde ein Suizid allein meiner Lebensversicherung wegen reuen.

Gelächter.

SB — Du elender Jurist!

MB — Im Ernst. Die Mechanismen, mich am Leben zu halten, funktionieren bei mir.

SB — Das stimmt. Es ist für mich unvorstellbar, dass irgendjemand meinem Sohn erklären müsste, dass ich mich auf eine solche Weise verabschiedet habe. Undenkbar. Das geht gar nicht. Nie.

MB — Wir ziehen einfach unser normales Ding durch, haben unseren Job und fühlen uns der Familie gegenüber verantwortlich. Fehlt dieses Netz oder hinterfragt man es so extrem, dann wird es schwieriger. Ich glaube, Chris hätte davon abgelassen, wäre er selbst Vater gewesen. Er hätte zwar immer wieder über Suizid nachgedacht, aber es letztlich nicht gemacht.

Sie sind heute beide Väter. Haben sich durch Chris' Tod die Verlustängste vergrößert?

SB — Das ist eine Überlegung, die interessanterweise unsere Mutter mehr beschäftigt als mich. Sie interpretiert dann Dinge in meinen Sohn und sagt dann zu mir: ›Er hat ähnliche Charakterzüge wie Chris.‹ Das lehne ich völlig ab, da will ich gar nicht erst hinhören.

MB — Ich selbst gucke manchmal anders auf meinen Sohn. Vielleicht auch ein Stück weit deswegen, weil ich mir oft vorwerfe, ich hätte Chris' Absicht früher erkennen sollen und vielleicht verhindern können, er schrieb ja in sein Tagebuch, er hätte schon als Kind Todessehnsüchte gekannt. Das hat damals keiner bemerkt. Heute beobachte ich, wie die Kinder drauf sind. Bemerkte ich etwas in dieser Richtung, würde ich frühzeitig eine Plattform schaffen, um darüber zu reden oder Gegensteuer zu geben. Ich habe drei Jungs, aber nur einer ist mein leiblicher Sohn. Und bei ihm spüre ich schon große Verlustängste. Ich bin sicher vorsichtiger als andere Väter. Denn ein weiteres Kind von meiner Frau werde ich wohl nicht mehr haben. Und ich weiß doch, wie zerbrechlich unser Leben sein kann. So muss ich manchmal aufpassen, dass ich den Kleinen nicht mit meiner Liebe erdrücke. Mein Leben wäre ruiniert, wenn er weg wäre. Aber das sind nur Horrorvorstellungen, denn grundsätzlich mache ich mir keine Sorgen, dass er suizidgefährdet ist.

SB — Das brauchst du auch nicht. Er ist doch ein Wonneproppen! Aber klar, es gibt wenige Kinder wie meine Tochter und meinen Sohn, die in ihren jungen Jahren schon so oft auf Friedhöfen gewesen sind. Unsere Mutter spricht zudem oft mit ihnen über Chris. Ich interveniere da manchmal und weise sie darauf hin, dass sie doch noch klein waren, als Chris starb. Mein Sohn war erst einige Wochen alt.

MB — Sie versucht halt, ihnen die Geschichte zu vermitteln.

SB — Sie erzählt von ihm, als wäre er ein Heiliger gewesen. Natürlich steht sein Bild mehrfach bei meinen Eltern. Aber irgendwann muss man sich fragen, welchen Bezug hat jetzt mein Sohn zu seinem Onkel, den er ja gar nie wirklich kennengelernt hat? Weißt du noch, unser eigener toter Onkel war ja für uns auch immer nur der stumme Mann im Bilderrahmen an der Wand.

MB — Mein Sohn weiß, dass sein Onkel auf dem Friedhof liegt.

SB — Mein Sohn ist ja durch meine Mutter mehrfach gebrieft worden. Sie erzählt ihm alles, und ich bin da ganz offen. Meine Kinder wissen, dass man nicht nur quietschfidel sein kann, sondern auch tot.

Inwiefern haben sich Ihre Eltern weiterentwickelt?

MB — Von außen jedenfalls macht es den Eindruck, als sei es vorwärtsgegangen. Am Anfang war der Tod das dominierende Thema. Heute glaube ich, dass sie es geschafft haben, das Leben trotzdem zu genießen, aktiv zu sein und nicht im Sumpf zu verharren. Durch die vergangene Zeit können sie Chris' Entscheid ein Stück weit einordnen. Am Anfang dominierte das Selbstmitleid. Sie hatten das Gefühl, dass sie unter Millionen von Menschen die Einzigen mit dieser Vergangenheit seien. Inzwischen teilen sie den Schicksalsschlag mit Freunden, denen das Gleiche widerfahren ist. Das relativiert ihren eigenen Schmerz.

SB — Die Freundschaft zu einem Ehepaar, das seinen Sohn auch auf eine sehr schreckliche Art und Weise verloren hat, tut ihnen sehr gut. Es lenkte sie auf eine neue Bahn; meine Mutter ist wieder dem Jetzt zugewandt. Davor gab es so viele Phasen, in denen ich gedacht habe, dass sie immer nur in der Vergangenheit verharrte. Aber noch heute sagt sie manchmal allen Ernstes: ›Es ist alles schlimm‹ – während ich mit den Kindern um die Ecke biege. Da denke ich jeweils: Hey, ich lebe auch noch. Und hier sind mein Sohn und meine Tochter! Aber es gibt sie zweifelsohne, diese Entwicklungsschritte. Es ist tatsächlich etwas dran an dieser Redensart: ›Die Zeit heilt alle Wunden.‹

Sie sprechen immer nur über die Mutter. Wie ist das Verhältnis zum Vater?

Die beiden Brüder schweigen lange. Dann schauen sie sich an, Max räuspert sich.

MB — Er hat sicher getrauert. Wie aber, das weiß ich nicht.

SB — Unser Vater ist ein Stoiker, um philosophisch zu bleiben. Es ist nicht so leicht, an ihn ranzukommen. Er ist keiner, der das Herz auf der Zunge trägt.

MB — Ich hatte zu ihm früher einen Zugang gehabt, aber eher nonverbal, ich bin auch kein großer Redner. Unser Vater hat vieles mit sich selbst ausgemacht, schon von klein auf. Sein Vater starb im Krieg und sein Bruder in jungen Jahren. Und seine Mutter, unsere Großmutter, hat auch eher ihrem verstorbenen Kind nachgetrauert, als sich mit ihrem im Leben stehenden Sohn zu beschäftigen. Unser Vater hat sein Leben in die Hand genommen. Er ist ein Machertyp und gibt dem Hadern keinen Raum, er nimmt sich zurück mit seiner Trauer und lässt unserer Mutter den Platz dafür. Wir wissen auch nicht, wie genau er um seinen Bruder getrauert hatte.

SB — Ich weiß auch nicht, ob der Vater den Friedhof jemals für sich allein aufsucht. Ich besuche Chris' Grab regelmäßig. Da liegt er nun und lässt sich die Sonne auf den Bauch scheinen, denke ich jeweils. Einen guten Ort haben wir für ihn ausgesucht. Aber ich würde aus allen Wolken fallen, wenn ich dort unserem Vater alleine begegnen würde.

MB — Ich gehe aufs Grab, wenn ich Zeit habe. Aber das ist für mich keine besondere Stätte, um zu trauern. Der Besuch am Grab kostet vor allem Zeit. Ich kann auch in einer Kneipe sitzen und an ihn denken.

SB — Es ist bei mir auch eine zweigleisige Motivation. Der Friedhof ist für mich zu einem Ritual geworden. Ich halte ein Zwiegespräch und rauche eine Zigarette mit ihm. Natürlich, es geht dann vor allem um meine Angelegenheiten.

MB — Bei mir nagt oft das schlechte Gewissen, und ich denke, eigentlich sollte ich mal wieder an sein Grab. Aber wer schreibt mir das eigentlich vor?

SB — Ein schlechtes Gewissen brauchen wir nicht zu haben. Die Pflanzen da sind immergrün.

Was würden Sie Ihrem Bruder sagen, wenn Sie dazu noch einmal die Gelegenheit bekämen?

MB — Ich bereue es wahnsinnig, dass ich damals nicht an seine Geburtstagsfeier gegangen bin, ich war damals mit dem Umzug beschäftigt und mit dem neuen Job. Wir hatten in der Zeit nur wenig Kontakt, denn wir haben uns beide in unterschiedliche Richtungen entwickelt. Während Chris sich immer mehr mit theoretischen, wissenschaftlichen Fragen beschäftigte, stürzte ich mich in das praktische Berufsleben. Was ich ihm heute sagen würde? Dass er mir oft fehlt und ich mir sicher bin, wir hätten noch viel Spaß gemeinsam am Leben haben können.

SB — Ich würde nicht mit ihm reden wollen, ich würde lieber mit ihm tanzen gehen.

»Ständig kreisen die Gedanken um meinen Bruder, ich fragte mich, warum er ging, was ich anders, besser hätte unternehmen können.«

Marie Dubois, 68

Hätte, wäre, würde. Es dauerte Monate, bis sich Marie Dubois nicht mehr über Konjunktivsätze den Kopf zerbrach. Vier Jahre nach dem Suizid ihres ältesten Bruders hat sie gelernt, mit seinem Entscheid zu leben – und ihre Schuldgefühle endlich abgelegt.

Der Bus hält auf Pflastersteinen und spuckt die Passagiere an einem Wartehäuschen aus Holz aus. Seit knapp vierzig Jahren lebt Marie Dubois mit ihrem Ehemann in diesem basellandschaftlichen Idyll, eingebettet in sanfte Ausläufer des Juragebirges. Der kurze Spaziergang führt vorbei an Einfamilienhäusern mit blumigen Vorgärten, ein Rasenmäher röhrt, ein Mann taucht einen Schwamm in einen schaumigen Eimer Wasser, um damit seinen Porsche blank zu putzen. Marie Dubois führt in ihr helles, pastellfarbenes Wohnzimmer. Ihr Mann grüßt freundlich und verschwindet alsbald in seinem Büro. Als sich die damals 20-jährige Marie Dubois vor einem halben Jahrhundert einen Mädchentraum erfüllen wollte, haben sich die beiden in Frankreich kennengelernt. Es zog die Seeländerin nach Paris. Sie kündigte ihre Stelle und fuhr nach Frankreich, einzig mit dem Ziel, »dort in der Stadt der Eleganz zu leben«. Rund zwei Jahre später kehrte sie als verheiratete Frau und zweifache Mutter in die Schweiz zurück. Aus ihren beiden Mädchen sind längst Frauen und selbst Mütter geworden, die Töchter wohnen ganz in ihrer Nähe; Marie Dubois sieht sie regelmäßig, sie ist fünffache Großmutter, die älteste Enkelin bereits 21 Jahre alt.

Das Jahr 2009 zehrte an den Kräften der gepflegten Dame. Ihr ältester Bruder beging Suizid, einige Monate später verstarb ihre Mutter, zu der sie zeitlebens ein sehr inniges Verhältnis pflegte. Marie Dubois erzählt detailreich und bemerkt, dass sie es noch vor einigen Monaten nicht geschafft hätte, so offen über den Tod ihres Bruders zu sprechen. Zu schwer seien die Selbstvorwürfe gewesen, zu belastend die vielen Fragen, auf die sie nach wie vor keine Antwort kennt. Mittlerweile weiß sie, dass es eine solche nicht gibt. Und sie findet nachts wieder ausreichend Schlaf.

»Es waren sorglose Jahre in der Zeit nach dem Krieg; so weit ich denken kann, fehlte es uns nie an irgendetwas. Damals war ein autoritärer Erziehungsstil in vielen Familien üblich, nicht aber bei uns, die Eltern verwöhnten meine beiden Brüder und mich. Ich erinnere mich zum Beispiel, dass wir jeweils zu den Ersten in unserem Dorf gehörten, die neue Spielsachen geschenkt bekamen, etwa moderne Rollschuhe oder eine neue Ausrüstung für die Kunsteisbahn. Nicht dass wir besonders gut betucht waren – unser Vater arbeitete als Angestellter in einem Bürobetrieb –, doch sein monatliches Gehalt reichte aus, um ›Mame‹ und uns Kinder problemlos durchzubringen. Unser Kapital war das Landhaus, in dem wir heranwuchsen; nach wie vor ist die Liegenschaft mit viel Umschwung in unserem Eigentum.

Mutter und Vater waren sehr liebevoll zu uns. Wenn wir nicht gehorchten, drohte Mame zwar gelegentlich mit dem berüchtigten Teppichklopfer, doch immer ließ sie uns ausreichend Zeit, um die Flucht zu ergreifen. Als sie in das Kinderzimmer kam, hatten wir Jüngeren uns längst irgendwo im Garten versteckt. Außer Peter, der Älteste, weigerte sich wegzurennen. Deshalb geschah es ab und zu, dass Mutter ihn erwischte und ihm den Hintern versohlte. Das fand unser Bruder natürlich sehr ungerecht, denn wir zwei Kleinen blieben immer verschont. Umgekehrt behandelte sie Peter seit je bevorzugt, er war ihr Liebling. Ich weiß nicht warum, aber sie war überzeugt, er werde es einmal schwieriger haben im Leben als Roland, der Jüngste, und ich, die Mittlere.

Ich hatte die Aufnahme ins Gymnasium geschafft, gleichzeitig bot mir der Industriekonzern Sulzer in Winterthur eine Lehrstelle als Maschinenbauzeichnerin an. Damals hieß es, nur die Buben dürften studieren, und deshalb war klar, dass ich statt die Matura die Lehre absolvieren würde. Sulzer prosperierte in dieser Zeit und bildete das erste Mal auch Frauen als Zeichnerinnen aus. Mein Vater las in der Zeitung von den neuen Lehrstellen in Winterthur und schlug mir vor, mich dort zu bewerben, ich war von klein auf sehr exakt, schrieb schön und konnte gut zeichnen. Zu meiner großen Erleichterung erfuhr er noch, dass ich die Lehrstelle erhalten hatte. Er rauchte viel; damals hinterfragte man die gesundheitlichen Folgen des Nikotinkonsums noch nicht. Ich war 16 Jahre alt und gerade dabei, mich mit meiner Tante in Winterthur nach einem Zimmer umzusehen, als uns der Anruf von Mame erreichte. Vater habe einen Herzinfarkt erlitten, teilte sie mit, ich solle sofort zurück ins Seeland reisen. Die Nachricht kam für mich absolut unerwartet, denn mein Vater war ja zeitlebens kerngesund. Im Krankenhaus machte Pape einen zweiten Anfall durch – und der war fatal. Ich durfte ihn noch sehen, seine Finger, Nasenspitzen und Ohren schimmerten bereits bläulich. Sein Tod war für mich ein großer, emotionaler Einschnitt.

Wir blieben weiterhin im Landhaus wohnen, das aus zwei Parteien bestand: Auf der einen Seite lebte die Schwester meines Vaters und auf der anderen Seite Mame mit uns drei Kindern. Nach Papas Tod machte sich unsere Mutter auf Arbeitssuche und hatte Glück. Ein Bekannter verschaffte ihr eine Stelle in einer Buchdruckerei, wo sie sich mit den Jahren hocharbeitete. Es ist erstaunlich, doch selbst als berufstätige Frau nahm sie sich nach wie vor viel Zeit sowohl für uns Kinder als auch für Verwandte und Bekannte. Ich habe sie immer für ihre herzensgute und hilfsbereite Art bewundert. Mame war großzügig zu anderen, bescheiden mit sich selbst; eine richtige ›Chrampferin‹ halt, eine, die wusste, was arbeiten hieß. Sie erledigte etwa am wöchentlichen Waschtag gleich die Wäsche für mehrere Familien, das war zu jener Zeit ohne Maschine ein Knochenjob. Nebst dem Haushalt und dem Arbeitsalltag in der Druckerei pflegte unsere Mutter enge Freundschaften. Sie mochte Gesellschaft und traf ihre engen Freundinnen regelmäßig bis zu ihrem Tod auf einen Schwatz beim Kaffee oder zum Jassen.

Ich fand ein Zimmer in Winterthur und kehrte in den folgenden Jahren nur noch an den Wochenenden in unser Dorf heim. Im Gegensatz zu Peter, der stets der Klassenbeste war, galten mein Bruder Roland und ich in der Schule eher als Minimalisten. Doch nach Vaters Tod strengte ich mich sehr an, ich wollte auch meinen Brüdern beweisen, dass mir die Lehre problemlos gelang, und schloss schließlich mit einem sehr guten Notendurchschnitt ab. Roland besuchte die technische Fachhochschule, der intellektuelle Peter wollte immer schon Geschichtslehrer werden und bestand die Aufnahmeprüfung ins Gymnasium. Nach Vaters Ableben spielte er sich häufig als Familienoberhaupt auf, er glaubte, dessen Rolle einnehmen zu müssen. Von uns Jüngeren verlangte er zum Beispiel, mehr Zeit in die Schule zu investieren, und drängte uns, zu lernen und Bücher zu lesen. Er schien die Sinnlosigkeit seines Gebarens nicht einzusehen, Roland und ich waren doch zu diesem Zeitpunkt selbst fast erwachsen. Außerdem verbrachte ich nur noch wenige Nächte in der Woche zu Hause, Peters Einfluss auf mich war folglich gering.

Ich blieb nach meinem Lehrabschluss noch einige Monate auf meinem Beruf, doch irgendwie zog es mich weiter. Paris, das war schon lange mein Traum, obwohl ich noch nie dort war. Doch alles, was ich darüber hörte oder las, wirkte wie ein Sog auf mich; der elegante Klang der Sprache, dieser Glanz der Stadt, die stattlichen Häuser – ich musste einfach dort leben. Die Firma besaß eine Zweigstelle in der französischen Hauptstadt, und ich fragte meinen Vorgesetzten, ob er mich versetzen könnte. Er verneinte, weil es ihm so kurz nach meiner Ausbildung zu früh erschien. Also kündigte ich. Ich erinnere mich noch lebhaft, wie mich Peter und Mame im klapprigen VW-Käfer nach Paris fuhren und dort in einem Mädchenwohnheim abluden. Ich fand sofort eine Stelle, natürlich bei Sulzer, die vor Ort nichts wussten von einer Warteliste mit Schweizern, die gerne in Paris arbeiten wollten. Dort lernte ich schließlich meinen künftigen Mann kennen, er stammte aus einem Pariser Vorort und arbeitete den Sommer über im Konzern, um sein Studium zu finanzieren. Auch er hatte einen Traum: Künftig in der Schweiz zu arbeiten und zu leben, und aus diesem Grund heuerte er bei der Schweizer Firma an. Wir heirateten 1967, die beiden Mädchen kamen im Abstand von einem Jahr auf die Welt. Im Nachhinein betrachtet, würde ich sagen, dass die Zeit in Paris zu meinen glücklichsten Monaten in meinem Leben zählt. Mein Mann wollte unbedingt in die Schweiz ziehen, und deshalb reisten wir nach seinem Studium in meine Heimat: Ich saß mit dem Neugeborenen im Arm im Auto, neben mir die einjährige Tochter, mein Mann am Steuer und der Kofferraum vollgestopft mit unseren Habseligkeiten. Im Raum Basel fand er rasch eine Stelle, ich blieb fortan daheim, wo ich mich um die Kinder und den Haushalt kümmerte.

Mein jüngerer Bruder wanderte nach seiner Grundausbildung mit seiner Frau in die USA aus, wo er im Bereich Maschinenindustrie eine Zweigstelle aufbaute. Nach einigen Jahren kehrte das Paar zurück in die Schweiz und brachte zwei Söhne auf die Welt. Mittlerweile lebt er mit einer neuen Frau zusammen und wohnt mit ihr im Haus unserer Kindheit. Roland ist ein lebenslustiger, fröhlicher Mensch, ähnlich wie ich. Das unterschied uns beide seit je von unserem ältesten Bruder. Peter besaß eigenbrötlerische Züge, er war verschlossen und hatte, soweit ich weiß, keine Freunde während der Schulzeit. Er galt als Streber und war in der Klasse nicht sehr beliebt. Zu Hause gab er sich wortkarg, wenn er vom Schulalltag sprach, sagte er bloß, er hätte wieder einmal den Lehrer korrigieren müssen, weil dieser ein Thema fehlerhaft unterrichtete. Je isolierter er war, umso tiefer steckte Peter die Nase in seine Bücher. Ich kann nicht sagen, wie genau, aber er war irgendwie einfach anders. Erst später im Berufsleben und als Politiker machte er Bekanntschaften, die er jahrelang pflegte, und das bewies auch seinen grundehrlichen und treuen Charakter. Ich kann mir vorstellen, dass er oft neidisch war auf Roland und mich, da wir beide häufig unsere Freunde und Freundinnen nach Hause brachten. Kam es in ganz seltenen Momenten doch dazu, dass Peter der Familie ein Mädchen vorstellte, fragte er anschließend umgehend nach Mames Meinung; ihr Urteil lag ihm sehr am Herzen. Seine Liebschaften hielten ohnehin nie lange, Peter blieb Junggeselle. Ich denke, er hatte Angst, sich zu binden. Einmal vertraute er mir an, er habe Angst, vor vielen Menschen zu stehen. So erstaunt es auch nicht, dass er seinen Traum von einem Geschichtsstudium nach der Matura begrub – er war zu wenig selbstbewusst, um vor einer Schulklasse zu dozieren. Später als Politiker referierte er immer wieder vor Publikum, aber ich denke mittlerweile, da halfen ihm auch Medikamente, seine permanente Unsicherheit zu unterdrücken. Nach seinem Tod fand ich entsprechende Packungen im Badezimmer seiner Wohnung. Statt zum Lehrer ließ sich Peter zum Notar ausbilden und in der Berufswahl zeigte sich seine Beständigkeit: Mit 22 Jahren begann er auf der Stadtverwaltung und blieb dort bis zu seiner vorzeitigen Pensionierung. Es passte auch zu ihm, dass er später in die Politik einstieg. Als er um die 50 Jahre alt war, baten ihn Kollegen, sich für die Freisinnigen aufstellen zu lassen. 16 Jahre lang wurde er schließlich immer wieder mit gutem Resultat in den Großen Rat gewählt. Die Politik gefiel ihm, er konnte sein Wissen einbringen, mit anderen debattieren, Dinge bewegen, dort fühlte er sich aufgehoben und gebraucht.«

Er sei eine Persönlichkeit gewesen in der Stadt und im Kanton, steht im örtlichen Anzeiger zum Gedenken an Peter Schmid. Der Nachruf beschreibt einen dienstbeflissenen, pflichtbewussten Mann, einen, der es gerne genau nahm und seinen Posten effizient und sauber ausführte. Die Rede ist von einem »konsequenten Lebenswerk«, das eine langjährige, politische Karriere in der kantonalen Legislative ebenso einschloss wie seine militärische Laufbahn zum Offizier. Er habe privat vielleicht etwas unnahbar gewirkt, steht in dem Blatt.

»In den 1960er-Jahren, wir waren damals Mitte 20, lernte Peter einen Mann aus Ostdeutschland kennen. Mein Bruder sammelte ihn buchstäblich auf: Manfred war am Boden zerstört, er hatte hohe Schulden und konnte aus politischen Gründen nicht mehr in seine Heimat zurückkehren. Peter und er verstanden sich auf Anhieb, und er nahm ihn mit nach Hause. Dort warteten meine Tante und meine Mutter, und sie beide waren vom Fleck weg von Manfred begeistert. ›Er ist wie ein dritter Sohn für mich‹, pflegte meine Mutter stets zu sagen. Die ganze Familie schloss ihn ins Herz, auch meine Kinder mochten ihn sehr. Manfred war ein kostbarer Mensch, äußerst liebenswürdig und hilfsbereit und die ideale Ergänzung für meinen Bruder. Er konnte ihn besänftigen, wenn Peter aufbrausend war, er richtete die gemeinsame Wohnung ein und kochte für ihn, denn mein Bruder besaß im Haushalt zwei linke Hände. Auch interessierte sich Manfred stark für Geschichte und Politik, worüber die zwei Freunde stundenlang debattieren konnten. Umgekehrt beglich mein Bruder seine Schulden und sorgte dafür, dass Manfred in der Schweiz bleiben durfte. Kurzum: Die beiden haben sich gutgetan, und Manfred gehörte einfach zu unserer Familie.

Ich weiß nicht, ob mein Bruder schwul war, es spielt für mich eigentlich auch keine Rolle. Doch ich denke, eher nicht, denn mein Schwiegersohn fragte Peter einmal direkt, ob Manfred und er eine Liebesbeziehung hätten. Er verneinte es und antwortete, es handle sich zwischen ihnen um ein rein platonisches Verhältnis. Über all die Jahre schliefen sie auch in getrennten Zimmern, selbst wenn sie mehrere Tage bei uns auf Besuch waren. Vier Jahrzehnte lang trennte die beiden Männer nichts – bis Manfred 2004 an Speiseröhrenkrebs erkrankte und schließlich zwei Jahre später daran starb. Sein Verlust schmerzte uns alle sehr, besonders natürlich meinen Bruder. Doch ich staunte, zu Beginn nahm er den Tod erstaunlich gut auf. Da seine Wohnung ohnehin komplett saniert wurde, musste Peter ausziehen, und ich dachte, das sei eine Chance für ihn, erinnerten doch in der alten Wohnung in jeder Ecke Gegenstände an die gemeinsamen Jahre mit Manfred. Ein Umzug würde ihm helfen, mit der Vergangenheit abzuschließen, waren wir überzeugt, und es sah auch alles nach einem Neuanfang aus: Peter kaufte sich eine Eigentumswohnung und freute sich sehr, sie einrichten zu können, sein eigenes Heim aufzubauen. Zudem ging er eine Beziehung mit einer ein paar Jahre jüngeren Frau ein.

An Weihnachten 2008 – drei Monate vor seinem Suizid – bemerkte ich das erste Mal, dass irgendetwas mit Peter nicht stimmte. Mame und er besuchten uns wie jedes Jahr während der Festtage. Gewöhnlicherweise musste ich sie jeweils bitten, doch ein paar Nächte länger bei uns zu bleiben. Doch dieses Mal machte Peter keine Anstalten zu gehen und dachte erst an Aufbruch, als Mame darauf pochte, endlich ins Seeland heimzukehren. Es schien mir, als fürchtete er sich davor, in seine Wohnung heimzukehren. In den kommenden Wochen tauschte ich mich häufig mit Peter aus, wir schrieben uns E-Mails oder telefonierten. Mir fiel zunehmend auf, dass er sich immer schlechter fühlte, es waren Details, aber sie häuften sich. Zum Beispiel kritisierte er auf einmal seine Wohnung. Er friere ständig, nörgelte er, und die Kücheneinrichtung passe ihm nicht mehr. Ich fragte ihn, was los sei, es ginge doch im Grunde nicht um die Inneneinrichtung. Da antwortete er, dass er nicht gerne alleine lebe, Manfred fehle ihm. Fortan schaute ich öfters bei ihm vorbei, wenn ich Mame im Seeland besuchte. Ich lud ihn auch zu uns nach Hause ein, versuchte, so gut es ging, für ihn da zu sein. Umgekehrt machte ich ihm auch klar, dass er sich helfen lassen müsse, er brauche professionelle Hilfe. Ich habe seinen Zustand direkt angesprochen, ihm gesagt, er leide an einer Depression. Daraufhin ließ er sich sogar von seinem Hausarzt untersuchen, der ihm Psychopharmaka verschrieb. Zurück in seiner Wohnung recherchierte Peter im Internet zu diesen Medikamenten und weigerte sich danach, die Tabletten zu nehmen. Ich solle mich auch darüber informieren, forderte er mich auf, Antidepressiva seien Tabletten für Irre. Er setzte sie wieder ab – und es ging ihm folglich nicht besser. Gleichzeitig verlor er massiv an Gewicht, ausgerechnet Peter, der gerne gut aß, nahm auf einmal nur noch Früchte und Körner zu sich, ich konnte mir nicht erklären, weshalb.

Beim Abschied nach meinen Besuchen bat er mich, doch zu bleiben. Wenn ich bei ihm wäre, würde er sich zusammenreißen können, denn dann habe er wieder jemanden neben sich. Manfred hatte ihn über all die Jahre hinweg stabilisiert, weiß ich heute. Während Peter häufig unterwegs war, blieb Manfred meist in der Wohnung, er war häuslich, kochte gern, zündete Kerzen an, und immer war er zu Hause, wenn Peter die Wohnungstüre aufstieß. Seit dies alles nicht mehr war, bedrohte ihn seine neue Wohnung zunehmend. Zusätzlich verlor er während der Börsenkrise viel Geld, doch ich denke, der hauptsächliche Grund für sein Tief war der Verlust von Manfred. Auch die darauffolgende Beziehung zu der neuen Freundin half ihm in dieser Hinsicht nicht.

Im März 2009 musste ich feststellen, dass sich sein psychischer Zustand noch verschlechtert hatte. Während eines Telefongespräches mit ihm spürte ich, er braucht dringend Hilfe. Ich beschloss daraufhin, eine Woche zu ihm zu ziehen. Es war schrecklich mitzuerleben, wie Peter sich nur noch negativ äußerte, lustlos war und ihm mit seinen 66 Jahren nichts mehr Freude bereitete. Erneut pochte ich darauf, dass er sich therapieren lasse, es könne so nicht weitergehen. ›Du leidest unter einer Altersdepression‹, sagte ich, ›und das kann man behandeln.‹ Doch mein Bruder weigerte sich standhaft, seine Angst, das Umfeld würde ihn als Spinner abstempeln, war größer. Diese Bilder waren stark verankert in seinem Kopf und ließen sich auch nicht durch mein ständiges Zureden, psychiatrische Behandlungen hätten längst nichts mehr mit Irrenanstalten zu tun, verscheuchen. Sein Hausarzt empfahl eine stationäre Behandlung, bestätigte mir aber, er könne nur handeln, wenn sein Patient einer Überweisung auch zustimmt. Nach etlichen Diskussionen und einem letzten Termin beim Arzt stimmte Peter schließlich einem Aufenthalt in der Klinik zu. Zwei Tage später hätte er dort einen Platz bekommen. Ich war bei diesem Arzttermin anwesend und begleitete ihn zurück in seine Wohnung. Dort tigerte er in den Zimmern herum und zweifelte wieder an seinem Entscheid. Er vertraute mir an, er würde jetzt ein Testament schreiben und mir die Vollmacht seines Bankkontos übertragen. Ich flehte ihn an, dies zu unterlassen, das sei doch nicht nötig, er wiegelte ab und meinte, er wolle das einfach erledigt haben. Am nächsten Morgen erklärte er mir, er würde kurz mit dem Auto wegfahren. Natürlich sorgte ich mich, doch er versprach mir, bald zurückzukehren. Nach einigen Stunden kam er wieder mit den Worten: ›Marie, es ist so schwer, sich das Leben zu nehmen.‹ Wie er so etwas nur denken könne, wies ich ihn zurecht und suchte das Gespräch mit ihm. ›Denk an Mame. Sie hängt so an dir und du an ihr. Was würde sie ohne dich machen? Das kannst du ihr nicht antun!‹ Er antwortete mit Schweigen und bat mich später, mich neben ihn ins Bett zu legen. Er hielt mich fest, wir hörten klassische Musik, das schien ihn zu beruhigen, ich streichelte seine Hand.

Peter und ich hatten beide ein sehr intensives Verhältnis zu Mutter. Obwohl ich in Basel-Landschaft lebe, besuchte ich sie regelmäßig im Berner Seeland. Ich kaufte für sie ein, ging mit ihr ins Café, traf ihre besten Freundinnen oder machte ihr die Haare. Ich ärgerte mich oft über Roland, der zwar gleich neben Mutter wohnte, aber sich kaum um sie kümmerte. In all den Jahren habe ich es nicht fertiggebracht, dass er mindestens einmal am Tag kurz vorbeischaute, um sich zu vergewissern, wie es ihr ging. Peter hingegen hing ebenfalls sehr an Mame, manchmal glaube ich, er hatte sich wohl nie richtig von ihr abgekapselt. Sie erledigte für ihn bis ins hohe Alter die Wäsche, bis ich ihn darauf aufmerksam machte, dass es ihr wohl mit über 90 Jahren zu viel sei. Dennoch, selbst meine Ermahnung, an Mame zu denken, erwies sich als sinnlos. Peter sah nur noch sich und seinen desaströsen Zustand. Am sechsten Abend, als ich bei ihm war, verschwand er auf einmal in den Keller. Ich erwischte ihn sozusagen in flagranti. Er offenbarte mir, er habe alle Medikamente geschluckt, die er bei sich hatte und dazu eine Flasche Cognac geleert. Ich rief augenblicklich die Ambulanz an, und sie lieferten ihn sofort ein. Was sorgte ich mich um ihn! Ich blieb in dieser Nacht in seiner Wohnung, schlief aber sehr schlecht. Am Morgen rief er mich an, der Suizidversuch war misslungen und Peter mittlerweile in einer psychiatrischen Klinik. Er bat mich, ihm sein Sauerstoffgerät mitzubringen: Seit Jahren litt er nachts unter Atemstillständen und war deshalb darauf angewiesen. Ich fuhr in die Klinik und betrat sein Zimmer, das er mit einem völlig sedierten Bettnachbarn teilte. Das war kein Ort für ihn, auch sein Arzt sah das ein und sagte uns, man würde ihn bald verlegen. Auf den Wunsch meines Bruders, doch heimgehen zu können, ging der Psychiater nicht ein: Peter war stark suizidgefährdet, das war den Pflegern und Ärzten bewusst, sie nahmen ihm deshalb auch jegliche riskanten Habseligkeiten weg. Ich war froh, dass Peter nun in professionellen Händen war. Beim Hinausgehen kehrte ich mich nochmals zur Schwester um und informierte sie, dass ich Peter das Sauerstoffgerät mitgebracht hätte. Sie meinte bloß, ich solle mir keine Sorgen machen, sie würden alles überwachen.

Es war die erste Nacht seit Langem, in der ich wieder ruhig und tief schlief. Ich konnte richtig loslassen, man hatte mir ja versichert, dass alles gut werde und sie sich um ihn kümmern würden. Am Morgen rief ich Peter an, er hängte mir das Telefon auf und teilte mir mit, ich solle ihn nicht mehr anrufen, ihm sei nicht mehr zu helfen. Es war das letzte Mal, dass ich ihn sprach. Das Sauerstoffgerät, das ich ihm mitgebracht hatte, war verkabelt, ich hatte doch die Schwester extra noch darauf hingewiesen. Am Sonntagabend um halb neun – mein Mann und ich hatten soeben zu Abend gegessen – erreichte mich der Anruf, dass er nicht mehr lebte. Ich war fassungslos.

Am Tag danach fuhr ich wieder ins Seeland, jemand musste ja Mame mitteilen, dass ihr ältester Sohn sich das Leben genommen hatte. Ich bat meinen jüngeren Bruder, einen Arzt zu rufen, der dabei sein soll, wenn wir es ihr sagten, immerhin war sie 94 Jahre alt. Erstaunlicherweise nahm unsere Mutter den Tod gefasst auf. Sie sagte, es sei für sie jetzt viel einfacher, selbst zu gehen, denn nun müsse sie sich nicht mehr sorgen, sondern könne loslassen. Mame starb ein halbes Jahr später an den Folgen einer Hirnblutung. Sie konnte nicht mehr schwatzen und schlucken und lag noch eine Woche im Spital, dann schlief sie ruhig ein.«

Marie Dubois erzählt ausführlich. Immer wieder ist deutlich spürbar, wie innig und liebevoll die Beziehung zwischen ihr und der Mutter gewesen sein muss. Sie weint, als sie von ihrem Verlust erzählt, entschuldigt sich sofort für ihre Tränen. Dennoch, der Tod der Mutter habe sie nur halb so schwer mitgenommen wie der Suizid ihres Bruders. Mame sei friedlich gestorben, aus natürlichen Gründen – im Gegensatz zu Peter.

»Nach dem Suizid meines Bruders folgten schwierige Monate für mich, über ein Jahr lange kämpfte ich mit meinen Gedanken und Emotionen, es drehte sich alles um seinen Tod. Nach vier

Wochen suchte ich meinen Hausarzt auf, weil ich nachts einfach keinen Schlaf fand. Ich hatte ständig das Gefühl, im fünften Gang zu rotieren, unfähig zu entschleunigen. Statt zu schlafen, las ich die ganze Nacht und fühlte mich am Morgen überhaupt nicht müde. Ständig kreisten die Gedanken um Peter, ich fragte mich, warum er ging, was ich anders, besser hätte unternehmen können. Vielleicht glaubte er, dass wir ihn abgeschoben hätten. Vielleicht fühlte er sich auch von mir verraten, weil ich es war, die die Ambulanz rief und ihn quasi an den Ort brachte, vor dem er sich so fürchtete. Für mich war es in diesem Moment prioritär, dass er Hilfe bekam. Mich quälten Schuldgefühle und Selbstzweifel. Dabei sagte bereits der Arzt in der Klinik, wenn jemand eine solche Todessehnsucht verspüre, könne man als Außenstehende nichts tun. Das hat mich beruhigt. Mein Hausarzt verschrieb mir ein Schlafmedikament und vermittelte mich an einen guten Psychiater. Ich stellte fest, dass ich keine Therapie brauchte, die Trauer um meinen Bruder konnte mir auch kein Mediziner nehmen. Ich konnte den Verlust nicht einfach so abschütteln, ich wusste immer, ich musste diesen Schmerz aushalten lernen. Viel wichtiger war in dieser Zeit, dass ich von meiner Familie gestützt wurde. Meine Töchter kümmerten sich liebevoll um mich, mein Mann war stets für mich da, aber auch meine Freundinnen und Freunde: Mein Umfeld nahm großen Anteil an meiner Trauer, ich spürte keine Ablehnung. Es gibt mittlerweile viele Menschen, die sich das Leben nehmen, das ist kein Tabu mehr, im Gegensatz zu meiner Jugend, als das Thema einfach totgeschwiegen wurde.

Um wieder zu Kräften zu kommen, ging ich vermehrt ins Fitnesstraining und machte Wanderungen, denn die Stunden in der Natur beruhigten mich und meine Gedanken. Auch Bücher zum Thema Suizid halfen mir, weil überall stand, Selbstvorwürfe nach einem Suizid seien völlig fehl am Platz. Für Peters Wohnung fanden wir zum Glück sofort einen Käufer. Den Großteil seines Haushaltes habe ich in die Brockenstube gebracht. Interessanterweise fanden wir weder Briefe, Tagebücher noch das Testament, von dem er in den Tagen vor seinem Suizid gesprochen hatte.

Mein Bruder Roland ging mit dem Suizid von Peter anders um als ich. Er sagt nach wie vor, er sei wütend auf Peter, er werde ihm diesen Schritt nie verzeihen. Ich kann seinen Zorn nicht begreifen, habe ihn aber mittlerweile akzeptiert. Seit Peter nicht mehr da ist, pflege ich ein besseres Verhältnis zu Roland, ich habe ja nur noch ihn von meiner ursprünglichen Familie. Auch er sucht den Kontakt mehr, nicht, dass wir jede Woche telefonieren, doch wir stehen häufiger im Austausch als früher.

Ein Jahr nach Peters Tod merkte ich, dass es wieder aufwärtsging mit mir, weil ich das Gefühl hatte, ich könne wieder schlafen, auch ohne Medikamente. Ich setzte die Tabletten ab, und ich fühlte mich gut. Es dauert lange, bis sich das Leben nach einem solchen Tod wieder einpendelt. Mittlerweile geht es mir sehr gut, denn ich akzeptiere seinen Schritt. Genau dies war nämlich lange der Hauptgrund, weshalb ich monatelang keinen Schlaf fand: Ich konnte seinen Entscheid einfach nicht annehmen. Erst als ich einsah, dass er nicht mehr leben wollte, dass für Peter das Leben mit 66 Jahren fertig war, wurde ich ruhiger. Auch sagte ich mir immer wieder, dass ich keine Schuld an seinem Tod trage. Ich habe all meine Entscheide nach bestem Gewissen gefällt, hätte ich gewusst, wie alles endet, hätte ich es vielleicht anders gemacht. Doch ich dachte verheerenderweise immer, dass alles gut käme. Aber solche Überlegungen führen zu nichts.

Durch Peters Tod bin ich sensibler geworden, auch gegenüber meinen Töchtern und den fünf Großkindern. Fühlt sich eine Person schlecht, spreche ich es sofort an und will darüber diskutieren, oder lade sie zu uns nach Hause ein. Ich bin gerne für andere da, das war etwas, das mir nach Mames Tod sofort gefehlt hatte. Aus diesem Grund meldete ich mich bereits einige Wochen nach ihrem Tod als Freiwillige beim Roten Kreuz. In dieser Funktion betreue ich alte Menschen, und das gefällt mir sehr.

Ich hatte großes Glück im Leben. Zwar wurde ich immer wieder mit dem Tod konfrontiert, aber meine Familie und ich waren nie ernsthaft krank. Ich kenne andere Menschen, die für mich diesbezüglich ein Vorbild sind: Sie gehen trotz krasser Schicksalsschläge immer noch aufrechten Hauptes durchs Leben. Ich bin nie religiös gewesen, auch wenn ich mir das manchmal gewünscht hätte, denn viele Hürden wären mit einem tiefen Glauben wohl einfach zu überwinden gewesen.

Als kleines Mädchen fürchtete ich mich sehr vor dem Tod. Ich verlor drei Schulkameraden durch Krankheiten, sie waren auf einmal einfach nicht mehr da. Das war für mich deshalb lange Zeit die größte Angst: Einfach so zu verschwinden, denn ich wollte doch leben und nichts verpassen. Natürlich verändert sich die Einstellung zum Tod mit den Jahren und in meinem Alter muss man sich immer wieder damit auseinandersetzen. Freunde und Bekannte sterben nach und nach. Doch ich wünsche mir, noch einige Jahre genießen zu dürfen, auch wenn ich inzwischen keine Angst mehr vor dem Tod habe. Würde ich sterben, hätte ich vor allem Sorgen um meinen Mann und meine Kinder, sie müssten ja mit dem Schmerz leben.«

»Ich nehme mir jedes Jahr an ihrem Todestag frei, das weiß mittlerweile auch mein Arbeitgeber. Das ist mein Ritual, es ist mein Tag, es ist ihr Tag. Dann setze ich sie wieder auf den Olymp.«

Yvonne Gadient, 26, Fachangestellte Gesundheit

Yvonne Gadient blieb keine Zeit, erwachsen zu werden, denn der Suizid ihrer älteren Schwester katapultierte sie mit einem Schlag aus dem Teenagerleben. Der Tod brachte die junge Bündnerin auf Abwege – bis sie auf ihre beste Freundin traf.

Am anderen Ende der Leitung grüßt eine frohgemute, bodenständige Stimme. Sie passt zu der gut gelaunten Frau, die einige Wochen nach dem Telefongespräch beim Bahnhof Ilanz wartet. Die schulterlangen Haare glänzen auberginefarben, Ton in Ton mit ihrer Brille. Am Rückspiegel ihres Autos baumelt ein hölzerner Engel. »Mona ist heute mein Schutzengel«, sagt Yvonne Gadient. Sie fährt mit ihrem Auto zu jenem Schulhof, den sie in der Oberstufe für einige Monate mit ihrer um ein Jahr älteren Schwester geteilt hatte, ehe sich diese kurz vor der Millenniumswende das Leben nahm. Auf dem Schulareal entdeckt die junge Frau die Hecke, die damals als Sichtschutz vor den Lehrern diente, während sich die Jugendlichen in den Pausen heimlich eine Zigarette ansteckten. Sie zeigt auf die ehemaligen Klassenzimmer im 1. Stock, wo die Mädchen Mathematik und Französisch büffelten. Diese Schule ist auch jener Ort, so vermutet Yvonne Gadient nach wie vor, in der ihre Schwester auf Mitschülerinnen stieß, die ihr wenig wohlgesinnt waren. Sie spricht von Mobbing in der heiklen Entwicklungsphase der Pubertät. Immer wieder treiben Schikanen von Mitschülern jene in den Tod, die den Rädelsführern auf dem Schulhof nicht gewachsen sind. Das zeigen Fälle von Teenagern, die sich nach Intrigen auf sozialen

Netzwerken das Leben nahmen. In Bezug auf ihre Schwester weiß Yvonne Gadient aber nichts Konkretes, die »Erklärungen« bleiben Mutmaßungen. »Es war einfach, wie es war. Monas Tod ist zum Glück nicht mehr der Hauptbestandteil meines Lebens«, sagt sie. Dennoch lässt sie der Tod ihrer Schwester nicht los.

»Der Schmerz verschwindet nie, auch wenn man sich daran gewöhnt. Inzwischen schaffe ich es sogar, über ihren Tod zu sprechen, das hätte ich noch vor einigen Jahren nicht fertiggebracht. Die Details meiner familiären Vergangenheit kennt nur meine beste Freundin. Mit ihr und meiner Mama tausche ich mich ausführlich über Monas Suizid und dessen Folgen aus. Sonst interessiert es keinen, und ich bin froh, dass mich niemand zu diesem Thema löchert. Bereits einen Monat nach dem Tod meiner Schwester erkundigte sich niemand mehr nach unserem Befinden. Inzwischen stehe ich sowieso an einem anderen Punkt in meinem Leben, ihr Suizid belastet mich kaum, es geht mir gut – abgesehen von vereinzelten deprimierten Tagen. Mittlerweile bin ich zur festen Überzeugung gelangt, dass alles in unserem Leben einen Grund hat, selbst wenn wir diesen häufig nicht kennen. Welchen Sinn Monas Tod hat? Natürlich behaupte ich nicht, dass sie wegen meiner persönlichen Entwicklung sterben musste, aber ich denke oft: Hätte sie sich nicht umgebracht, wäre ich heute nicht so selbstständig. Mein Vertrauen in mich war nie groß, zeitlebens musste ich mir meinen Platz erkämpfen, darum ringen, dass man mich respektierte, ob früher in der Schule oder heute an meiner Arbeitsstelle. Ich gehörte nie zu den Alphatieren. Monas Suizid zwang mich bereits als Teenager, stark zu sein und Verantwortung zu übernehmen. Auf einmal konnte ich mich nicht mehr hinter dem Rücken der großen Schwester verstecken, wie ich es von klein auf gewohnt war.

Mona und ich waren beste Freundinnen, bloß ein Jahr Altersunterschied trennte uns. Nachzügler Flurin ist sechs Jahre jünger als ich. Wir drei Geschwister wuchsen mit unseren Eltern wohlbehütet in einem Bündner Bergdorf auf. Mama arbeite-te als Verkäuferin, Vater als Lastwagen-Mechaniker. Er aß jeden Mittag mit der Familie; uns Kinder verband ein sehr enges und vertrautes Verhältnis zu beiden Elternteilen. Im 200-Seelen-Dorf, in dem wir groß wurden, kennt jeder jeden. Wir Kinder durften tagelang alleine um die Häuser streunen, immer gab es jemanden, der ein Auge auf uns warf. Auf mich musste man ohnehin besonders aufpassen, ich war ein Wirbelwind, ein Zappelphilipp. Ärzte diagnostizierten eine Aufmerksamkeitsdefizit-Hyperaktivitätsstörung, weshalb ich als Problemkind galt: Ich war verhaltensauffällig, es fiel mir schwer stillzusitzen, ich litt unter Konzentrationsschwierigkeiten und hatte unkontrollierte Gefühlsausbrüche, die manchmal bis zur Ohnmacht führten, weil ich mich derart enervierte. Regelmä-ßig besuchte ich den schulpsychologischen Dienst. In der Dorf-schule war ich zudem das einzige Mädchen meiner Klasse und musste viel einstecken. Seit ich mich erinnern kann, setzte sich meine Schwester Mona für mich ein und verteidigte mich vor den Schulkollegen, wenn sie mich wieder einmal hänselten. Im Gegenzug knüpfte ich als offenes Mädchen wichtige Kontakte für sie, denn Mona war ruhig und schüchtern. Wenn sie einen Jungen kennenlernen wollte, schickte sie mich jeweils vor.«

Yvonne Gadient kramt ein abgewetztes Fotoalbum hervor. Sommer 1999: Ein braunhaariger Teenager mit glattem Haar lächelt zwischen Steinfassade und Petunien schüchtern in die Kamera. Dies seien die letzten Bilder, die ein befreundeter Fotograf von ihrer Schwester geschossen habe, bemerkt sie.

»Nach der Grundstufe folgte für uns Bergkinder das große Er-wachen, denn wir mussten von da an die Schule in Ilanz besu-chen. Im Vergleich zu unserem Dorf ist Ilanz weit entwickelt. Nicht alle Schüler kamen mit diesem Wechsel zurecht, auch Mona und ich hatten Mühe damit. Das wird augenfällig, wenn man die Fotos aus jener Zeit betrachtet. Vor dem Übertritt – bei mir war das 1999 – sehen wir aus wie typische Landeier; Auftreten und Kleidung spielten nie eine große Rolle. Wir trugen, was uns bequem schien. In der Stadt legte man plötzlich ungewohnt viel Wert auf Äußerlichkeiten: Ich zog modischere Kleider an, schnitt und färbte meine Haare, Mona begann, sich zu schminken.

Wir besuchten in Ilanz dieselbe Schule, sie war eine Klasse über mir. Morgens fuhren wir im Postauto ins Tal, mittags kehrten wir kurz für die Mittagspause zurück und dann ging es wieder in die Stadt zum Unterricht. Mona war 14 Jahre alt. Irgendwas ist in dieser Zeit mit ihr geschehen, Genaues weiß ich nicht. Begegne ich heute einer ihrer Mitschülerinnen, die sie ausgestoßen hatten, wechsle ich die Straßenseite oder verlasse die Bar. Sie muss gemobbt worden sein, warum sonst weigerte sie sich auf einmal, zur Schule zu gehen? Drei Wochen lang schwänzte Mona den Unterricht. Mein Cousin – er besuchte mit ihr dieselbe Klasse – und ich wussten davon und deckten sie. Ich habe ihn nie gefragt, ob er Details zu jener Zeit kennt. Inzwischen ist es zu spät dafür, es macht sie ohnehin nicht wieder lebendig. Jedenfalls fuhr Mona mit uns Morgen um Morgen im Bus nach Ilanz, doch statt in die Schule zu gehen, vertrieb sie sich die Zeit in der Stadt, bis sie mittags und am Abend mit uns per Postauto wieder nach Hause kam.«

Es ist über ein Jahrzehnt vergangen seit dem Suizid von Yvonne Gadients Schwester. Sie war damals selbst noch ein Kind. Es fällt ihr schwer, die Einzelheiten wieder ins Gedächtnis zu rufen. Ihre Erinnerungen spulen einen Film mit Sequenzen von prägenden, gestochen scharfen Bildern ab – bis in alle Zeiten eingebrannt, dazwischen aber wackeln die Szenen, und Yvonne Gadient erkundigt sich nach unseren Gesprächen häufig bei ihrer Mutter nach Details.

»Gefragt habe ich Mona nicht, weshalb sie sich weigerte, die Schule zu besuchen. Ich weiß nur, dass sie tagtäglich stundenlang in der Kantine des Kantonsspitals saß und sich dort angeblich in einen Patienten verliebte. Ich wundere mich immer noch, wie sie es schaffte, die Lehrer so lange zu täuschen. Eines Morgens fand unsere Mutter ein Schulbuch von Mona, von dem sie wusste, dass meine Schwester es an diesem Tag gebraucht hätte. Mama meldete dies daraufhin dem Lehrer und erfuhr so, dass Mona seit Wochen nicht mehr am Unterricht teilgenommen hatte. Als ich gegen Abend nach Hause kam, saß Mona in ihrem Zimmer und heulte. Die Eltern waren ratlos und natürlich auch über mich verärgert, weil ich meine Schwester beim Schulschwänzen gedeckt hatte. Ich setzte mich an meinen Schreibtisch, um die Hausaufgaben zu erledigen, als sich meine Zimmertüre öffnete. Mona trat auf mich zu und umarmte mich innig. Grundlos. Schweigend. Ich versprach ihr, nach den Hausaufgaben in ihrem Zimmer vorbeizuschauen. Mein Pflichtgefühl lenkte mich, denn ich wusste: Saß ich einmal auf ihrem Bett, quasselten wir wie immer bis spätabends. Sie sagte mir, ich müsse nicht extra hochkommen. Nach wie vor könnte ich mich ohrfeigen. Warum nur bin ich nicht schon früher in ihr Zimmer gegangen?

Nach ungefähr einer Stunde stieg ich zu ihr in den Dachstock hinauf. Wir wohnen in einem alten, dreistöckigen Holzhaus, die Treppen knarren. Ihr Zimmer war leer. Ich entdeckte ein um ihr Pult gebundenes Seil, das zu einer Luke führte. Sie ist abgehauen, schoss es mir durch den Kopf. Ich hastete die Treppen hinunter, schnappte mir Papas Hausschuhe, eine Jacke und rannte nach draußen. Es lag Schnee, ich lief ums Haus herum, wo ich von der Hauptstraße aus zum geöffneten Fenster hochsah und Monas leblosen Körper entdeckte. Man sieht bis heute die Kratzspuren an der Fassade.

Wie in Trance eilte ich zurück ins Wohnzimmer. Sie sollten nach draußen blicken, schrie ich meine Eltern an, etwas Grauenhaftes sei passiert. Wir versuchten, sie runterzuholen, danach rief ich meine Tante an, eine Krankenschwester, die in unmittelbarer Nähe zu uns wohnt. Die Erwachsenen bemühten sich, Mona zu reanimieren. Erstaunlicherweise traf erst die Polizei ein, dann die Sanitäter. Auch die Nachbarn eilten zur Hilfe, und die Ambulanz transportierte Mona auf den Parkplatz, wo schließlich die Rettungsflugwacht landete. Im Krankenhaus hängte man Mona an Maschinen, doch sie war bereits hirntot.

Wie die Stunden nach dem Suizid abliefen, daran erinnere ich mich nur vage. Ich weiß noch, dass am nächsten Morgen die Tochter einer Freundin meiner Mutter zu mir ins Zimmer kam. Ich lag apathisch im Bett, und dieses Mädchen wusste nichts Besseres zu sagen als: ›Heute ist übrigens mein Geburtstag.‹

Mona hinterließ einen Abschiedsbrief. Interessanterweise sprach sie darin nur von ihrer Sorge um uns, nichts über sich. Sie zahle ihrem Schutzengel seinen letzten Lohn aus und beurlaube ihn, denn sie würde ihn nicht mehr brauchen. Sie schrieb weiter, dass sie jetzt in die Ferien fahre und wir uns wiedersähen, aber bitte nicht zu früh. Ein kleiner Witz am Ende, das war Mona. Mich beauftragte sie, ich solle einem Freund ihre Uhr vererben. Und sie gestand auch, dass sie sich schon vier Monate früher, an ihrem 14. Geburtstag, das Leben nehmen wollte. Ich erinnere mich, dass sie an jenem Tag krank war. Nie hätten wir uns vorstellen können, was wirklich dahintersteckte.«

Yvonne Gadient schildert den Suizid ihrer Schwester sachlich. Tränen steigen erst auf, als sie erzählt, dass sie sich nie richtig von ihrer Schwester verabschieden konnte.

»Das kreide ich meinen Eltern bis heute an. Es geschah nicht aus böswilliger Absicht, ich weiß, vielmehr standen sie dermaßen unter Schock, dass ihnen gar nicht bewusst war, wie wichtig es für mich sein könnte, von Mona Abschied zu nehmen. Ich wünschte mir so sehr, wenigstens einen Moment noch mit ihr alleine zu verbringen. Doch immer hieß es, ich sei zu jung dafür. Die Ärzte stellten schließlich die Maschinen ab, auch von diesem Prozess schlossen mich meine Eltern völlig aus. Auf der

Intensivstation dürften sich keine Kinder aufhalten, sagten sie mir. Selbst als Mona im Wohnzimmer aufgebahrt lag, stand immer jemand neben mir im Raum, um mich angeblich zu beschützen.

An der Beerdigung war die Kirche derart überfüllt, dass der Pfarrer auf dem Kirchplatz Mikrofone aufstellen ließ. Dieser Andrang erstaunte mich sehr, zahllose Menschen nahmen Anteil an unserem Schicksal. Doch einige Wochen später kehrte für die Mehrheit der Anwesenden wieder der Alltag ein, während es bei uns nach Monas Tod unter anderem darum ging, wie wir unser Leben neu ordneten. Jeder von uns war mit sich selbst beschäftigt, Papa schwieg nahezu ununterbrochen, Mama rutschte in eine Depression, fast zeitgleich brach Multiple Sklerose bei ihr aus. Ich erinnere mich daran, dass ihr stets die Energie fehlte, mit uns Kindern etwas zu unternehmen. Mein jüngerer Bruder Flurin hatte während der besagten Nacht die ganze Zeit geschlafen und erfuhr erst am nächsten Morgen, dass unsere ältere Schwester tot war. Ich habe keine Ahnung, wie er damit umgeht, denn wir beide sprechen nie über Mona.

Zur Diskussion stand auch, wer von uns Kindern in ihr Zimmer ziehen sollte. Ich bin nach wie vor der Meinung, die Eltern hätten es komplett ausräumen sollen. Stattdessen stehen noch immer ihre Möbel, das Bücherregal, der Spiegel oder der Schrank dort. Diese Dinge gehören ihr, es ist ihr Reich, nie wäre mir eingefallen, in diesem Zimmer zu wohnen. Mein kleiner Bruder hingegen machte sich keine großen Gedanken und richtete sich dort ein. Ich glaube, er betrachtete die Habseligkeiten einfach als seine eigenen. Mir gelingt das nicht, denn immer wenn ich diese Zimmertüre aufschiebe, sehe ich meine Schwester vor mir. Ich betrete noch heute den Raum nicht freiwillig, es macht mir sogar Mühe, mich auf der gleichen Etage aufzuhalten. Als wir einmal Besuch bekamen, schlief ich im Gästezimmer nebenan. Die Nähe zu Mona und die Gedanken an ihren Tod hielten mich die halbe Nacht wach.

Nach Monas Suizid ging es mit mir bergab. Was mich am meisten verletzte, waren die Gerüchte an der Schule. Die Leute erzählten sich, dass Papa Mona geschlagen hätte oder dass sie schwanger gewesen sei. Ich war 13 Jahre alt und verspürte bloß ein Bedürfnis: mich zuzudröhnen, und ich begann zu kiffen, Alkohol zu trinken, bewegte mich in falschen Kreisen. Von diesen damaligen Freunden hingen später zwei an der Nadel, einer ist gestorben, ein Mädchen hat es wie ich geschafft, aus dem Sumpf herauszukommen. Kontakt pflegen wir heute keinen mehr. Das Kiffen tat mir gut, es beruhigte mich, wirkte wie eine Art Therapie, auch wenn ich es nicht weiterempfehlen würde. Ich musste deswegen sogar vor den Jugendanwalt, weil die Polizei mich mit zu viel Gras in der Tasche erwischte.

Zu Hause trauerte meine Mutter ständig. Sie hatte ihre Erstgeborene verloren, alles drehte sich nur um ihren eigenen Schmerz. Wir haben uns alle Vorwürfe gemacht, auch ich, denn Mona und ich standen uns ja besonders nahe. Man denkt immer, es habe Anzeichen gegeben, die man hätte bemerken müssen. Doch das stimmt nicht.

In der ersten Phase − die dauerte bei mir mehrere Jahre − machte mich ihr Tod nicht traurig, sondern unheimlich wütend. Kürzlich blätterte ich in meinem Tagebuch von damals. Es enthält quasi einen einzig langen Brief an Mona. Die Zeilen sind voller zorniger Vorwürfe an sie, ich fühlte mich von ihr im Stich gelassen, war sehr einsam. Das machte mich zur Einzelkämpferin. Immer wieder musste ich seither innerhalb der Familie die Rolle der Erwachsenen übernehmen. Zum Beispiel fiel mir auf, dass mit meinem Bruder etwas nicht stimmte: Er hatte aufgehört zu wachsen. Ich machte meine Mutter darauf aufmerksam, bat sie, etwas zu unternehmen. ›Handle!‹, forderte ich sie auf, ob sie denn nicht das Mindeste bemerke? Sie tat nichts, ihr fehlte die Kraft. ›Hallo, du hast noch zwei lebendige Kinder. Was ist mit uns?‹ Ich war diejenige, die schließlich unseren Hausarzt auf den Zustand meines Bruders ansprach und dafür sorgte, dass er

Wachstumshormone bekam. Immer wieder verlangte ich von meiner Mutter, dass sie endlich aufwache. Sie müsse sich nicht um mich kümmern, aber um ihren Sohn, der brauche sie. Einmal antwortete sie: ›Ich will doch nur ein normales Kind, ist das so schwierig? Du leidest unter einer Verhaltensstörung, Mona hat sich umgebracht und er hat eine belastende Gesundheit.‹«

Es mag erstaunen, aber bei diesem Satz lacht Yvonne Gadient laut heraus, bevor sie trocken sagt: »Es war frustrierend.« Zum Glück sei sie ein optimistischer Mensch. Beim nächsten Treffen betont sie, dass ihre Mutter und ihr Vater keineswegs Rabeneltern gewesen seien, auch wenn ihre Erzählungen dies vielleicht suggerierten, der tragische Verlust habe halt alle herausgefordert. Die Familie sei für sie das Kostbarste geblieben, so wertvoll, dass sie nach wie vor in ihrem Elternhaus lebt, obwohl sie eine Drei-Zimmer-Wohnung in einem Dorf in der Nähe ihrer Arbeitsstelle gemietet hat. Sie wohne bloß dort, bei ihrer Familie aber fühle sie sich zu Hause.

»Nach Monas Tod und während meiner Absturzzeit überlegte ich mir häufig, mir selbst das Leben zu nehmen, ganz einfach, weil ich nicht mehr weiterwusste. Gleichzeitig war mir immer klar, dass ich dies meinen Eltern nicht antun konnte. Das Schlüsselerlebnis hatte ich mit 16 Jahren. Während des Bündner Sozialjahres teilte ich im Internat für ein paar Wochen das Zimmer mit einem Mädchen. Ich hätte sie wohl nie kennengelernt, wenn wir keine Zimmergenossinnen geworden wären. Eine Tussi, dachte ich zuerst. Sie hat mir das Leben gerettet, ohne sie wäre ich wahrscheinlich nicht mehr hier. Maria spürte, dass es mir schlecht ging. Eines Abends schlichen wir uns auf das Flachdach des Wohngebäudes, um zu rauchen. Bis zu diesem Zeitpunkt sprach ich mit niemandem über meine Probleme in der Familie. Doch sie ließ in diesen Stunden nicht locker, sondern bohrte hartnäckig mit Fragen nach, bis meine vermeintlich starke Fassade auf einmal zusammenbrach. In diesem Augenblick vieler Tränen holte sie mich aus diesem unerträglichen Zustand heraus, denn von da an begann ich, den Suizid meiner Schwester zu verarbeiten. Bis heute gehört Maria zu meinen wichtigsten Menschen. Die Verbundenheit äußert sich auch umgekehrt: Vor einem Jahr bin ich Patentante ihres zweiten Kindes geworden, für mich eine wunderschöne Bestätigung unserer Freundschaft.

Vor einigen Jahren konnte ich auch meiner Mama endlich alles mitteilen, was mir seit damals auf dem Herzen lag, zum Beispiel, dass sie sich jahrelang nicht um mich gekümmert hatte. Seit sie weniger arbeitet, erlebe ich sie viel offener und unbeschwerter. Schwieriger sind die Gespräche mit den Männern der Familie, sie tabuisieren Monas Tod. Sowohl mein Bruder wie auch Papa sprechen nicht über sie. Ich gehe davon aus, dass sich mein Vater seinen Kollegen anvertraut, aber sicher nicht mir. Einmal stieß ich in einer Kneipe zu seiner Männerrunde. Er stellte mich als seine Tochter vor und fügte an, die andere sei halt schon gestorben. Diese saloppe Bemerkung irritierte mich sehr, doch angesprochen darauf habe ich ihn nicht. Würde ich das Thema Suizid anschneiden, zöge er sich ins Schlafzimmer zurück mit der Ausrede, er sei müde, da bin ich sicher. Dennoch würde ich unser Verhältnis als eng bezeichnen, meine Freizeit verbringe ich ja hauptsächlich bei meinen Eltern im Dorf. Papa und mich verbindet der Schnee, das gemeinsame Holzen oder das Motorradfahren. Im Winter fahren wir am Wochenende meistens gemeinsam Ski, in den wärmeren Monaten packt er mich häufig auf seine BMW-Maschine, und wir machen für ein paar Tage eine Tour, wie jüngst in die Dolomiten.

Mein Bruder und ich nähern uns erst seit kurzem an, bis vor einigen Monaten stritten wir uns ständig ohne Grund. Befanden wir uns im gleichen Raum, gingen wir aufeinander los. In allem ist er ein Spätzünder, erst jetzt mit 20 Jahren pubertiert er, indem er gegen uns und jede Kleinigkeit rebelliert. Ich pauke ihm ein, wie wichtig die Ausbildung ist: Er fiel durch die Prüfung als Lastwagenchauffeur. Inzwischen ist mir klar geworden, dass ich nicht auch für ihn ständig die Verantwortung übernehmen kann.

In meinem Berufsalltag im Altersheim werde ich täglich mit dem Tod konfrontiert. Aber dadurch, dass ich mich bereits als Teenager mit dieser Thematik beschäftigen musste, fällt mir der Umgang mit den alten Menschen leichter. Zudem schützt mich meine innere Mauer vor Verlustängsten, wenn wieder einmal jemand von uns geht. Dieser Schutz zeigt sich besonders in Bezug auf meine Männergeschichten, denn immer wieder stelle ich dabei fest, dass Monas Suizid wohl in mir doch einen Knacks hinterlassen hat. Meine beste Freundin bemerkte, dass ich nach drei Monaten Beziehung zu einem Mann jedes Mal die Handbremse ziehe, just im Augenblick, wenn es darum geht, die Gefühle offen und ehrlich auf den Tisch zu legen. Es ist sicher so, dass ich mich seit Monas Tod nicht mehr gerne binde. Zu sehr plagt mich die Angst, dass mich jemand wieder so stark verletzen könnte, wie es meine Schwester damals tat.

Ansonsten beschäftigt mich ihr Suizid vor allem an ihrem Todestag. Es ist mein Ritual, dass ich mir an diesem Tag jeweils freinehme, meine Chefin plant meine Abwesenheit stets ein. Mir geht es während dieser Zeit immer sehr schlecht. Doch ich schenke mir diesen Tag, um bewusst an Mona zu denken, um zu weinen und Kerzen anzuzünden. Ich schalte auch jedes Mal das Telefon aus, denn ich möchte mit niemandem sprechen, meine Freunde wissen das mittlerweile. Früher riefen sie an, um Anteil zu nehmen, bis ich ihnen klarmachte, dass ich in diesen Stunden einfach meine Ruhe brauche. Meistens lege ich mich in die Badewanne, schaue einen Film, trinke Alkohol oder bleibe einfach im Bett liegen. Das ist mein Ritual, es ist mein, es ist ihr Tag. Dann setze ich Mona wieder auf den Olymp.

Vor ein paar Jahren besuchte ich einige Male die Workshops der Selbsthilfegruppe ›Life with‹. Dort begegnen sich Menschen, die alle eine Schwester oder einen Bruder verloren haben. Die

Treffen dauerten jeweils von Samstagmittag bis Sonntag. Am eindrücklichsten empfand ich die Abendrunden; nach dem Essen versammelten wir uns in einem abgedunkelten Raum, wo wir mit Kerzen eine besinnliche Atmosphäre schufen. Jeder hatte ein Bild von seinem verstorbenen Geschwister dabei und einen passenden Gegenstand. In Anwesenheit eines Psychologen durften wir unsere Geschichte erzählen. Ich fühlte mich sehr geborgen. In diesen Runden hört jeder zu, jeder hat die anderen verstanden, auch ohne Worte, allein dadurch, weil einen ein ähnliches Schicksal verbindet. Mit Außenstehenden geht das nicht.

Freundinnen, denen ich vom Suizid meiner Schwester erzähle, versuchen meine Vergangenheit nachzuvollziehen, meine Stimmung zu verstehen. Doch sie begreifen das letztlich nicht, weil sie nicht wissen können, wie sich ein solcher Verlust anfühlt.

Nicht-Betroffenen ist oft nicht bewusst, wie verletzend gewisse Bemerkungen wirken. Viele Leute äußern sich abschätzig gegenüber diesen ›Selbstmördern‹. Höre ich dies, etwa in einer Bar, stehe ich meistens auf und verlasse den Raum. Vor kurzem geriet ich an meinem Arbeitsplatz in eine Situation, die mich zum Ausrasten brachte. Ich trug einen Schal um den Hals, und ein Kollege sagte als Witz: ›Das Stück Stoff ist so groß, damit könntest du dich glatt aufhängen.‹ Es fuhr aus mir heraus, ob er denn eigentlich nicht wisse, was mit meiner Schwester geschehen sei. Eine Kollegin klärte ihn auf, ihm tat es sehr leid.

Was heute von Mona bleibt, sind die gerahmten Fotos in meinem Zimmer und tonnenweise Erinnerungen an unsere Kindheit. Meine Schwester kitzelte mich einmal so fest, dass ich in die Hosen machte. Im Maiensäß, unserer Sommeralphütte, jagte uns ein Hirsch eines Nachts einen solchen Schrecken ein, dass wir Papa um Hilfe rufen mussten. Und ich sehe bis heute vor mir, wie sie in ihren Trägerhosen und dem elektrischen Kinderbohrer in der Hand vor mir steht und ich als Zahnarztpatientin auf dem Stuhl sitze. Das sind Geschichten, die sich meine Mutter und ich gerne erzählen. Ich bin längst nicht mehr wütend auf

Mona, sondern sehe ihren Suizid mit anderen, viel versöhnlicheren Augen. Mittlerweile bin ich überzeugt, dass sie sterben wollte, es war ihr freier Wille. Warum sonst erhängt sich jemand? Sie wollte nicht mehr leben, deshalb muss sie uns nicht leidtun. Ich habe eine Freundin, deren Bruder verlor bei einem Autounfall das Leben. Dieser Junge wollte leben und starb unfreiwillig durch äußere Umstände. Das finde ich viel grauenhafter.«

»Selbst die scheinbar unendlich tiefen Abgründe, die sich in meinem Leben vor mir aufgetan haben und in die ich gestürzt bin, hatten einen tiefsten Punkt. Irgendwann fällt man nicht mehr tiefer.«

Andri Sommerland, 52, Forstingenieur

Die Geschwister Sommerland wuchsen in den 1960er-Jahren in einer vorarlbergischen Kleinstadt auf. Der Älteste sei immer schon stabil und geerdet gewesen, erzählt Andri Sommerland, der Zweitjüngste. Im Gegensatz zu ihm und den anderen zwei: Ein Bruder und die Schwester nahmen sich innerhalb eines Jahres das Leben, dazwischen liegt Andri Sommerlands eigener Suizidversuch.

Das Phänomen ist in der Psychiatrie bekannt: Familien, die im nächsten Umfeld gleich von mehreren Selbsttötungen betroffen sind. Hat sich bereits ein Familienmitglied umgebracht, gilt dies bei der ärztlichen Einschätzung eines suizidgefährdeten Patienten als zusätzlicher Risikofaktor. Die ohnmächtigen Gefühle und die Angst vor weiteren Schicksalsschlägen lösen bei vielen Hinterbliebenen eine große Unsicherheit aus. Wie verkraftet man es folglich als Angehöriger, wenn sich ein Suizid tatsächlich innert Kürze wiederholt? So geschehen Ende der 1980er-Jahre im Hause Sommerland: Binnen weniger Monate entschieden sich zwei von insgesamt vier Kindern für den Tod.

Andri Sommerland ist einer der noch lebenden Brüder. Er wohnt mit seiner ehemaligen Partnerin im Schwarzwald – im »Nestprinzip«, wie er sagt: Sie teilen sich ein Haus, in dem ihre beiden Kinder permanent und die Eltern abwechslungsweise leben. Beide mieten je noch ein Studio. Der Mann mit dem markigen Gesicht würde ohne Weiteres als schmächtige Version des Schauspielers Sean Penn durchgehen; die tiefen Furchen um seinen Mund erzählen Geschichten. Fast zwei Jahrzehnte lang arbeitete er in der Holzverarbeitungsindustrie im In- und Ausland. Mittlerweile hat sich der Forstingenieur selbstständig gemacht.

Die Hälfte seines Ersparten steckte er in die eigene Firma und hofft, dank seines Wissens und seines Netzwerks besonders im südlichen Afrika mittelfristig Erfolge verbuchen zu können. Auf der Internetseite seiner Firma zitiert er den irischen Autor Samuel Beckett:»Ever tried? Ever failed? No matter. Try again. Fail again. Fail better.«

Andri Sommerland erzählt ausführlich, aber nicht stringent, häufig holt er aus, macht große Bögen. Seine Vergangenheit erscheint wie ein engmaschiges Netz von Gedankengängen und Gefühlswirrungen, der Protagonist in der Mitte zappelnd.

»Als ich damals selbst zwischen Leben und Tod schwebte, begriff ich schlagartig, mit meiner gerade versuchten Selbsttötung den völlig falschen Entscheid getroffen zu haben. Nicht dass ich Angst vor dem Tod gehabt hätte, das war es nicht. Aber wäre mir der Suizid gelungen, hätte ich etwas abgebrochen, das gar nicht fertig war, ich hätte wieder von vorne beginnen müssen. Man stirbt nicht, wenn man will, sondern wenn man muss.

Ich bin immer wieder in ganz unterschiedlicher Weise mit dem Tod konfrontiert worden. Meinem Vater wurde ein Blutgerinnsel zum Verhängnis; seine Todesursache beinhaltet fast eine gewisse Ironie: Während seines ganzen Lebens hatte er wichtige Dinge vergessen, oft sogar seine eigenen Kinder. Und am Ende vergaß er, sein Blutverdünnungsmittel zu schlucken. Das passte. Meine Mutter starb an Krebs. Natürlich ist ein Tod immer ein Verlust, doch das Leben meiner Eltern war abgeschlossen. Meine Geschwister hingegen starben aus Verzweiflung – mitten im Leben.

Seit der Pubertät verstanden mein drei Jahre älterer Bruder Basil und ich uns immer besser. Unsere gemeinsame Zeit erlebte ich als äußerst intensiv. Was haben wir diskutiert und uns gegenseitig unterstützt! Die Jugendjahre stürzten uns in Konflikte: Auf einmal ging es um Beziehungen zu Frauen sowie Sexualität – ein Wort, das in unserer Familie nicht ausgesprochen wurde – und damit einhergehende Frustrationen, aber auch um andere existenzielle Fragen. Unser Verhältnis war deshalb so eng, weil wir viele extreme Gefühlszustände teilen konnten und uns charakterlich sehr ähnelten. Im Nachhinein betrachtet, kann ich sagen, dass wir beide schon damals längere und kürzere depressive Episoden durchlebt hatten. Beide litten wir manchmal unter Schlaflosigkeit und nicht erklärbaren Panikattacken. Basil war oft unfähig, sich zu entscheiden. Auch ich machte solche Phasen durch. Er haderte beruflich und fürchtete stets, die falsche Wahl getroffen zu haben. Seine Lehre als Zimmermann hatte er begeistert angefangen, dann aber abgebrochen. Später kämpfte er sich durch eine Lehre als Schreiner, holte danach die Matura auf dem zweiten Bildungsweg nach. Beide fühlten wir uns oft ausgebrannt, ohne äußerlich erkennbaren Anlass. Kurzum: Ich konnte mich mit seinen Schwierigkeiten und Gedanken weitgehend identifizieren, uns verband eine brüderliche Seelenverwandtschaft.

Unsere Schwermut, ebendiese Depression, musste auch mit unserem familiären Hintergrund zu tun haben. Die Stimmung zwischen den Eltern war geprägt von Vorwürfen, Schuldgefühlen und der krampfhaften Tabuisierung des Beziehungsproblems zwischen den beiden. Die Mutter fühlte sich, je länger die Ehe dauerte, desto mehr überfordert mit unserem Vater. Er war für sie ein nicht therapierbares fünftes Kind. Sie war eine überfürsorgliche Frau – intelligent, grundehrlich, hassfrei, aber auch naiv und mutlos. Alle Verantwortung blieb an ihr hängen, ihre Überforderung reagierte sie sporadisch in hysterischen Anfällen in der Gegenwart von uns Kindern ab, sie schrie etwa: ›Bringt mich um!‹ Der Vater wiederum blieb für uns eine ›graue Eminenz‹. Aber er konnte uns Kinder auch innig lieben – dieses immer wieder geäußerte Bekenntnis nehme ich ihm ab. Als Paar und als Eltern hingegen ergaben die beiden eine denkbar ungünstige Konstellation: Sie wohnten einerseits zusammen unter einem Dach und versuchten sich andererseits gegenseitig zu meiden. Der Vater beschäftigte sich vor allem mit seinem Gemüseanbaubetrieb, wir sahen ihn meist nur während der Mahlzeiten. Während seiner wiederkehrenden depressiven Episoden saß er apathisch auf dem Stuhl, und wenn wir Kinder ihn ansprachen, reagierte er kaum. Er war anwesend, aber nicht präsent. So wusste er weder, welche Schulklasse seine Kinder besuchten, noch, wann wir unsere Geburtstage feierten. Stattdessen steckte er gedankenversunken und grüblerisch in seiner eigenen Welt fest, in der seine Grundstimmung wie die Jahreszeiten wechseln konnte.

Mein Vater war selbst in verworrenen Familienverhältnissen aufgewachsen. Es gab gewisse Anzeichen dafür, dass bereits sein Vater, also unser Großvater, Symptome einer Depression gezeigt hatte, doch darüber sprachen wir nie offen. Als Jugendlicher entdeckte ich auf unserem alten Dachboden Tinkturen und Fläschchen meines Großvaters. Ein Bekannter meinte einmal, er hätte hin und wieder einen Quacksalber im Appenzellischen besucht. Ich sprach meinen Vater einmal darauf an, doch er stritt dies vehement ab. Ich bin überzeugt, dass sich Großvaters Situation auf meinen Vater wie auch dessen Bruder übertragen hatte, und schließlich auf mich und meine Geschwister. In Wechselwirkung damit mag natürlich eine genetische Prädisposition dazukommen. Im Kern waren weder mein Großvater noch mein Vater hartgesottene Machos, sondern feinfühlige Menschen. Beide Männer bewegten sich allerdings in einem Milieu, in dem sie glaubten, sich weder mit musischen noch sonstigen ›feinstofflichen‹ Themen beschäftigen zu dürfen. Das Leben im Vorarlbergischen war geprägt von Traditionen und starken Rollenmustern. Ich glaube, mein Vater hat darunter sehr gelitten, ohne es je selbst erkannt zu haben. Seine ganze Energie verwendete er darauf, entweder das Konstrukt, ein harter Kerl zu sein, aufrechtzuerhalten, oder sich über Wasser zu halten, wenn es ihm offensichtlich schlecht ging. Dabei verspürte er in seinem Innersten eine wahnsinnige Wut auf sich und sein Umfeld.

Einmal debattierten wir über das Thema Frauenstimmrecht. Da polterte er, Frauen hätten sowieso keine Erfahrung in Politik. ›Wenn sie nicht wählen und gewählt werden können, wie sollen sie dann jemals Erfahrungen sammeln?‹, entgegnete ich. Er schwieg, ich ging in mein Zimmer. Durch den offenen Türspalt beobachtete ich, wie er die Fäuste ballte, dazu fluchte er leise mit wutverzerrtem Gesicht. Den Widerspruch hatte er erkannt und musste sich eingestehen, dass ich mit meiner Logik recht hatte, doch gleichzeitig ließ sein enges Weltbild andere Denkmuster nicht zu.

Seit ich mich erinnern kann, besuchte mein Vater einen Psychiater. Bis zu seinem Tod schluckte er Lithium, das ihn ausgeglichen machte. Manchmal denke ich, dass es genau diesen Tabletten zu verdanken ist, dass er sich nicht wesentlich ändern musste. Der familiäre Zustand blieb unerträglich.

Mein Vater hat oft gelogen. Schummeln, Schwindeln, Betrügen bildeten seine vermeintlich notwendige, lebenssichere Schutzhülle – eine zweite Haut. Erst als junger Erwachsener durchschaute ich dieses Muster. Auch meine Mutter realisierte spät, dass vieles, was mein Vater erzählte, überhaupt nicht stimmte. Er konnte keine Schwäche zugeben, deshalb halfen ihm seine Lügen, den Schein zu wahren. Zu Hause ließ er etwa eine banale Bemerkung fallen, niemand dachte sich etwas dabei. Erst im Nachhinein realisierten wir, dass er dies nur gesagt hatte, um uns im Glauben zu lassen, er täte dieses und nicht etwas anderes – Schummeln als Selbstzweck. Auf diese Weise legte er auch Freunde herein. Seine große Leidenschaft war das Wildhüten, noch größer aber war die Leidenschaft, selbst zu wildern. Einmal traf er im Wald auf einen Jagdkollegen, der ihm vorwarf, nicht mit offenen Karten zu spielen. Offenbar ohne mit der Wimper zu zucken, machte er diesen Freund daraufhin glauben, dass er sich völlig irre. Der von meinem Vater gewilderte Rehbock lag ein paar Meter entfernt im Gebüsch versteckt.

Der Leidensdruck meines Vaters muss enorm gewesen sein. Vor der regelmäßigen Einnahme des Lithiums durchlebte er immer wieder schwere depressive Episoden. Ob er auch suizidale Gedanken hatte, weiß ich nicht, vermute es aber stark. Bestimmt suchte er mit allen Mitteln, diese zu verscheuchen. Lag er nachts nicht mehr neben meiner Mutter, hatte diese Angst, er käme nicht mehr aus dem Badezimmer zurück. Mein Vater hätte zahllose Gelegenheiten gehabt, sich das Leben zu nehmen, sein Schrank war gefüllt mit Gewehren. Dennoch erwischte die Depression mit tödlichem Ende erst die nächste Generation, die meiner Geschwister und mir.

Depressionen begleiteten meinen Bruder Basil seit seiner Pubertät, und auch als junger Erwachsener durchlitt er solche Phasen. Ich habe damals alles gegeben, wirklich alles, um ihn am Leben zu erhalten. Tag und Nacht stand ich ihm bei, stundenlang hörte ich ihm zu. Doch er wehrte oft jegliche Versuche, ihm zu helfen, ab, oder sagte Ja und meinte Nein – und klammerte sich zugleich an mich. Trotzdem glaube ich, dass sich sein Suizid durch mein Zuhören, meine Fürsorge um einige Jahre verzögerte.

Der Druck, sich richtig entscheiden zu müssen, einen falschen Weg zu vermeiden, fiel nicht von ihm ab, auch bei der Wahl des Studiums nicht. Noch während der Zugfahrt zur Erstimmatrikulation an der Wiener Universität wusste er nicht, was er studieren wollte. Er schrieb sich für Informatik ein, doch die Strukturen des Studiums halfen ihm nur bis zu einem gewissen Punkt. Später brach er das Studium ab und driftete wieder in eine Depression ab, auch seine erste richtige Freundin, seine Freunde oder der halbprofessionell betriebene Radsport konnten ihm keinen Halt bieten. Ich kann das emotional sehr gut nachvollziehen: In solchen tiefen Krisen lassen sich depressive Menschen oft nicht helfen, auch wenn sie sich nichts sehnlicher wünschen, als dass sie aus ihrem qualvollen Zustand befreit würden. Je länger das Tief anhielt, umso weiter versank er im Sumpf.

Er kam nicht mehr alleine heraus, sondern zog vielmehr jene mit rein, die lange glaubten, ihm heraushelfen zu können.

Genauso erging es mir. Ich war sehr wütend auf ihn, weil er sich einerseits nicht helfen ließ, und ich anderseits spürte, dass er mir durch unsere Gespräche, die ohne nennenswerte Resultate blieben, die ganze Lebensenergie entzog. Je besser er sich erholte, umso schlechter fühlte ich mich: Ich habe seine Probleme aufgesogen, am Ende hatten sie mich ausgehöhlt. Die letzten drei Jahre vor Basils Tod gingen wir deshalb getrennte Wege. Nun war ich es, dem es schlecht ging. Basil hingegen wanderte nach Südamerika aus. Von seiner Krise wollte er auf einmal nichts mehr wissen. Ich hingegen ahnte, dass eines Tages seine ›Dämonen‹ zurückkehren würden.

Auch wenn wir uns weder hörten noch sahen, als Bruder blieb er mir sehr verbunden. Wie oft wollte ich ihn in Südamerika anrufen und ihm sagen: ›Bleib, wo du bist, und betrete nie mehr europäisches Land.‹ Ich wusste, dass die Nähe und Stimmung des Elternhauses wie ein Triggerpunkt bei uns wirkte. Die untrennbare Konfrontation mit Menschen und Dingen, die wir unmittelbar mit unserer Kindheit assoziierten, riss uns Geschwistern regelmäßig den Boden unter den Füßen weg. Man kann noch so lange fortbleiben, die Traumata kehren immer zurück. Das ist, wie wenn man während eines Bombenanschlags mit einem guten Freund eine Tasse Tee trinkt und der gute Freund stirbt dabei. Unser Kopf wird den Akt des Teetrinkens für immer mit diesem schrecklichen Unglück in Verbindung bringen. So ähnlich waren wir konditioniert: Je stärker wir uns in diesem Umfeld bewegten, umso schlechter fühlten wir uns. Wir schafften es nie, uns ganz zu lösen. Es war, als ob uns ein Gummiseil an unsere Eltern band: Der Fluchtversuch dauert so lange, bis der Zug auf dem elastischen Seil derart stark wird, dass er einen mit aller Gewalt zurückreißt.

Ich habe Basil leider nie gewarnt, er solle in Südamerika bleiben. Er hätte wohl auch nicht auf mich gehört. Basil wollte seine Depression vergessen, sein früheres, so höllisches Dasein. Die Gefahren, die zu Hause auf ihn lauerten, ahnte er nicht, und er reiste zurück ins Vorarlberg. Meine Mutter teilte mir eines Tages mit, dass er zurückgekehrt sei. Ich nehme an, das Abenteuer Südamerika hatte sich erschöpft, womöglich wollte er wieder ein finanzielles Polster ansetzen. Er war 32 Jahre alt, wohnte vorübergehend bei meinen Eltern. Depressive Schübe überfielen ihn, das erfuhr ich im Nachhinein, offenbar bereits einen Monat nach der Rückkehr. Er rief mich nicht an, denn er wusste, dass ich zu diesem Zeitpunkt nicht mehr bereit gewesen wäre, ihn zu stützen. Gegenüber meinem Vater tönte er offenbar an, er wolle sich das Leben nehmen, allenfalls mit dem Auto. In seiner Verzweiflung versuchte er, einen Geistlichen aufzusuchen, der ihn schon vor seinem Südamerika-Aufenthalt begleitet hatte. Der Pater war am entscheidenden Tag jedoch nicht zu Hause.

Einer Leidenschaft war Basil zeitlebens verfallen geblieben: der Liebe zu Autos. Statt mit Freunden zu spielen, stand er bereits als kleiner Bub auf einer Anhöhe am Straßenrand und erriet die Autotypen anhand des Motorengeräusches. Bei uns auf dem Land setzten wir uns heimlich bereits mit 14 und 15 Jahren hinters Steuer. Als Basil vom Pater, der abwesend war, zurückfuhr, raste er frontal in einen Lastwagen. Das geschah im März 1989. Für mich ist zweifelsfrei, dass es kein Unfall war. Auch die Aussagen des Lastwagenchauffeurs, der zum Glück unversehrt geblieben war, deuteten klar darauf hin. Basil war ein sehr geübter Autofahrer, und meinem Vater gegenüber hatte er ja seine Suizidabsichten geäußert.

Bei den Eltern löste Basils Tod alte Reflexe aus: Vater bezeichnete den Unfall als nachvollziehbar, er schien verhältnismäßig gelassen damit umzugehen, selbst als er den verstümmelten Sohn identifizieren musste. Meine Mutter sagte: ›Das Leben geht weiter. Es war ein Autounfall, basta.‹ Am Tag der Beerdigung herrschte sie uns Geschwister an, wir dürften nicht von ›Selbstmord‹ sprechen. Niemals.

Bis dahin befand ich mich in einer relativ guten Phase. Doch die latent schwelende Krise in mir verschärfte sich nach Basils Tod binnen weniger Wochen zu einer Akutsituation. Auf der Suche nach Stabilität trat ich probeweise in ein Zisterzienser Kloster ein. Dort herrschte Schweigepflicht, ich versprach mir, mich vollständig auf mich selbst zurückwerfen zu lassen. Wohl weil Ablenkung fehlte, durchlebte ich plötzlich psychotische Schübe, negative Bilder meiner Familie besetzten meine zum Teil archaischen Gedanken, Antagonisten des Guten, zum Beispiel Satan, drängten in brutaler Weise in mein Bewusstsein. Zwar betreuten mich die Mönche fürsorglich, dennoch hielt ich es bald nicht mehr aus und verließ das Kloster.

Die unmittelbare Begegnung mit meiner Mutter löste schließlich den Suizidversuch aus. Ich entblößte vor meiner Mutter, wie ich mich fühlte, und kündigte an, mich von ihr und meinem Vater für eine gewisse Zeit zu distanzieren. Sie warf mir vor, alles nur noch schlimmer zu machen, und sagte, dass ich alle im Stich ließe. Sie blieb ihr Leben lang der Überzeugung, mit genügend starkem Willen schaffe man alles, war oft völlig überfordert und hatte Angst, dass die Fassade endgültig einstürzen könnte. Meine Schuldgefühle wuchsen. Am Schluss sagte sie: ›Dann geh. Ich wünsch dir viel Glück dabei!‹ Die Art, wie sie das Wort ›Glück‹ aussprach, klang nach dem Gegenteil eines Segens. Mein Mund trocknete schlagartig aus, ich fühlte mich mit jeder Faser meines Leibes wie ein Judas.

Als ich im Zug zurück in meine Wohngemeinschaft saß, war ich erregt wie ein Schuldiger, der zur Hinrichtung geführt wird. In der Wohnung brach alles über mich herein. In der darauffolgenden Nacht konnte ich nicht schlafen, inhalierte, obwohl ich eigentlich nur ein Gelegenheitsraucher war, eine Zigarette nach der anderen in der Hoffnung, meine extreme Anspannung mildern zu können. Vergeblich. Ich wusste, dass meine Freunde jeweils um sieben Uhr aufstanden. Um halb sieben nahm ich aus der Küche ein scharfes, langes Messer, schloss mich im Bad ein und stellte mich vor den Spiegel: Ich musste mir sofort das Leben nehmen, denn ich war überzeugt, dass, wenn ich es jetzt nicht schaffen würde, mich meine Mitbewohner in die Psychiatrie einweisen würden. Dann geriete ich in diese Mühle und käme da nie mehr raus. Mein Bruder Basil hatte immer behauptet: ›Einmal Psychiatrie, immer Psychiatrie.‹ Was natürlich nicht stimmt, doch ich hatte den Satz verinnerlicht.

Meine Mitbewohner waren informiert darüber, dass es mir in dieser Zeit nicht gut ging, und ich hätte mich problemlos an sie wenden können. Ich hatte das Gefühl, sie zu verraten, schließlich hatte ich versprochen mitzuteilen, wenn ich es nicht mehr aushalten würde. Erst waren da die vernichtenden Vorwürfe meiner Mutter, jetzt folgte der Verrat an meinen Freunden: Meine Selbstverachtung war total. Zweimal rammte ich mir das Messer in die linke Brust in der Absicht, das Herz zu treffen. Ich war übervoll von Schuldgefühlen, totalen Selbstzweifeln und inneren Aggressionen, die ich nur durch die Attacke gegen mich selbst zu lösen können glaubte.

Meine Freunde fanden mich im Bad und riefen die Ambulanz. Unermessliche Scham erfüllte mich, ich setzte mich selbst auf die Stufe eines Massenmörders und diabolischer, historischer Figuren. Die körperlichen Schmerzen erfassten mich später im Spital. Ich hatte mir die Lunge durchstochen – bis sie kollabierte. Das waren wahnsinnige Qualen, jeder Atemzug löste stechende Schmerzen aus. Physische Qualen ersetzten die psychischen, Erstere aber waren letztlich erträglicher. Ich lag zwei Wochen auf der Intensivstation, bevor ich für fünf Monate in die Psychiatrie eingewiesen wurde, wo mich die Ärzte mit Neuroleptika behandelten. Im Spital besuchte mich einmal meine Mutter, ich wies sie ab. Sie blieb noch einen Augenblick, aber mein Anblick musste sie schockiert haben. Noch heute erinnere ich mich an die Fassungslosigkeit in ihrem bleichen Gesicht. Auch meinen Vater wollte ich auf keinen Fall sehen.

In dieser Zeit pflegte ich wenig Kontakt zu meiner Schwester Leica. Sie war die Jüngste der Familie, war drei Jahre nach mir auf die Welt gekommen. Leica besaß einen sehr temperamentvollen Charakter. Anders als ihre drei Brüder entwickelte sie sich während der Pubertät in eine hedonistische Richtung: Das Aussehen und körperliche Fitness schienen ihr wichtiger als eine steile berufliche Karriere, dennoch besaß sie den scharfen Verstand und die Durchsetzungsfähigkeit einer Managerin. Sie konnte einen mit Argumenten sprachlos machen. Nach Abschluss der Dolmetscherschule arbeitete Leica als Übersetzerin, danach bei einer Bank in München. Das Verhältnis zur Mutter war eng, fast wie zwischen Freundinnen. Sie vertraute mir einmal an, unter einem großen Nähe- und Distanzproblem zu leiden, auf Männer könne sie sich nicht wirklich einlassen: sie verliebe sich zwar zwischendurch, aber wenn es zu Intimitäten käme, würde sie innerlich schlagartig erkalten. Auch ich kannte diese Gefühle, und ich bin fast sicher, dass es Basil nicht anders ergangen ist. Möglicherweise war es gerade die psychiatrische Vorgeschichte meines Vaters, die Leica davon abhielt, sich zum Beispiel auf eine Psychotherapie einzulassen. Über Basil sagte sie, dieser habe halt schon immer Probleme gehabt, und damit war dieses Kapitel für sie abgehakt.

Leica litt unter einer Fehlfunktion der Schilddrüse und musste, als sie etwa 22 Jahre alt war, einen bösartigen Tumor entfernen lassen, den sie frühzeitig selbst entdeckte hatte, da sie schon in der Pubertät eine panische Angst entwickelt hatte, sie könnte an Krebs erkranken. Nach einer unglücklichen Liebschaft mit einem Gigolo in Brasilien arbeitete sie dort zwei oder drei Wochen lang als Freiwillige in einem Kinderheim, erkrankte ziemlich heftig an Mumps, magerte ab, und dann überfiel sie auch noch ein enormes Heimweh. Wider den innigen Rat eines befreundeten Arztes kehrte sie nach Hause zurück. Letztlich war es dieses Virus, das ihr bisheriges, um ein fehlendes Vertrauen herum errichtetes Lebensgebäude zusammenbrechen ließ. Allerdings war das Virus nur der Tropfen, der das Fass zum Überlaufen brachte. Zusätzlich hatte wohl auch mein Suizidversuch ihren Abwehrreflex und Verdrängungsmechanismus geschwächt. Während sich Basils Autounfall abgezeichnet hatte und mit einer langen leidvollen Vorgeschichte zusammenhing, kam Leicas Suizid für mich völlig überraschend. Nur zehn Monate trennen die beiden Todesfälle. Das Muster, das sich bei Basil gezeigt hatte, wiederholte sich: Ein Geschwister kommt von einem Auslandaufenthalt nach Hause, beide leben bei ihrer Rückkehr vorübergehend im Elternhaus, dessen Atmosphäre Assoziationen auslöste und ihre Psyche innert kurzer Zeit wieder zu unterspülen vermochte.

Vier Tage vor ihrem Suizid hatte sie mich noch angerufen, um zu erzählen, wie schlecht es ihr gehe. Zu dieser Zeit befand ich mich bereits nicht mehr in der Psychiatrie, sondern in einem arbeitstherapeutischen Projekt, nahm aber noch Medikamente. So sagte ich ihr bloß: ›Hör, es tut mir leid, aber ich bin im Moment wohl der Letzte, der dich unterstützen könnte.‹ Leica hatte nie um Hilfe gebettelt, sie war konsequent. Sie sagte daraufhin nur mit leiser, aber fester Stimme: ›Gut und Ciao.‹ Und hängte auf. Erst als wenige Tage später mein ältester Bruder Ruben mich völlig unerwartet aufsuchte, um mir zu sagen, dass Leica sich das Leben genommen hat, realisierte ich wirklich, wie schlecht es ihr gegangen sein muss. Viel später träumte ich die Situation. Im Traum handelte ich anders und sagte: ›Hör mal, wir setzen uns zusammen und reden darüber.‹ Trotz meiner fantasierten, gegenteiligen Reaktion machte es auf der anderen Seite der Leitung ›Klick‹, der Hörer war aufgelegt worden, und ich schloss daraus − immer noch im Traum −, dass sich Leica umbringen würde. Deshalb bin ich heute überzeugt: Auch wenn ich in meiner damaligen Situation anders gehandelt hätte, hätte sie sich das Leben genommen. Bekäme ich aber heute nochmals die Gelegenheit, mit Basil oder Leica zu sprechen, und dies nicht nur am Telefon, würde ich nicht mehr mit ihnen diskutieren.

Stattdessen ließe ich beide nicht mehr aus den Augen und sorgte mit allen Mitteln dafür, dass sowohl mein Bruder wie auch meine Schwester in eine stationäre Therapie überwiesen würden.

Am Tag von Leicas Tod ging unsere Mutter kurz einkaufen, Vater blieb zu Hause. Er verließ sein Schlafzimmer, kreuzte Leica im Flur. Sie huschte an ihm vorbei, mein Vater trottete nach unten. Laut seinen Erzählungen hörte er noch, wie in seinem Schlafzimmer die Nachttischschublade geöffnet wurde, in der seine Pistole lag.

Später sagte er immer wieder, die Beerdigung seiner Kinder sei das Schlimmste, das einem Vater zustoßen könne. Es hört sich unglaublich an, aber der Tod von Basil und Leica bestätigte meines Erachtens gleichzeitig nur sein negatives, alles verdrehendes Weltbild – es war für ihn so wieder stimmig! Unser Vater war in einem gewissen Sinne wahnsinnig, aber ohne durchzudrehen.

Mutter durchlebte schlimme Krisen, zeitweise nahm sie auch Psychopharmaka oder Beruhigungsmittel ein, wie ich später erfuhr. Innerhalb von zehn Monaten nahm sich ihr zweitältester Sohn das Leben, dann stach ich mich selber in die Intensivstation, und schließlich tötete sich Leica. Meine Eltern blieben im Haus, verharrten in ihrer Schicksalsgemeinschaft. Ich habe es Mutter lange Zeit übel genommen, dass sie sich nicht von Vater trennte. Mehrmals versprach sie mir, ihn zu verlassen. Doch erst Jahre später brachte sie die Kraft auf, eine eigene Wohnung im Nachbardorf zu suchen. Kaum lebte sie dort, entspannte sich das Verhältnis zwischen den beiden offensichtlich. Von der persönlichen Entwicklung meiner Mutter profitierten vor allem die Enkelkinder, die Kinder meines ältesten Bruders Ruben. Ausgerechnet meine Mutter, die an uns ihre Überforderung auf unbeherrschte Art abreagierte, wurde mit dem Alter zu einer entspannten, nachsichtigen und liebenswerten Großmutter. Das war ein Geschenk für die Familie meines Bruders, kränkte aber offenbar etwas in mir und erzeugte in meinem Unterbewussten einen unbändigen Neid – so interpretiere ich es im Nachhinein – denn während meines Psychiatrieaufenthaltes befahl mir plötzliche eine herrische Stimme aus dem Off: ›Du wirst eines Tages deinen Neffen umbringen. Und du wirst es tun, wenn du glaubst, schon alles überwunden zu haben. Ich werde dich überraschen, meine kalte Hand auf deine Schulter legen und dich führen.‹ Dieser kurze, quasi schizophrene Augenblick belastete mich sehr, und ich konnte und wollte diese Warnung nicht mehr vergessen.

Selbst die scheinbar unendlich tiefen Abgründe, die sich in meinem Leben vor mir aufgetan haben und in die ich gestürzt bin, hatten einen tiefsten Punkt. Irgendwann fällt man nicht mehr tiefer. Die Ereignisse in diesem Jahr entwurzelten mich komplett. Es dauerte Jahre, bis sich wieder Erde um die nackten Keime sammeln konnte, allmählich verfestigte sich das Fundament unter mir wieder. Die Neuroleptika verliehen mir ebenfalls eine gewisse Stabilität. Nach dem Aufenthalt in der Psychiatrie wandte ich mich der Praxis der Sitzmeditation zu. Zum Teil mit einem Zenlehrer praktizierte ich morgens, mittags und abends, was mir allmählich wieder eine Tagesstruktur verlieh. Eines Tages, während eines sogenannten Seshins, einer besonders intensiven und langen Übung, vernahm ich erneut die Stimme, die mir nun befahl, meinen Neffen umzubringen. Dank der Gelassenheit und Stärke, die ich durch Sitzmeditation erreicht hatte, hörte ich der Stimme ganz nüchtern zu – ohne ihr folgen zu müssen. Etwas Wunderbares geschah: Der Wahn, die böse Einbildung löste sich vor meinem inneren Auge wie Rauch auf. Eine enorme Last fiel von mir.«

Die nur bruchstückhaft überlieferte Lebensgeschichte des Großvaters, das komplexe Wesens des Vaters, die Depression des Bruders, die eigenen wiederkehrenden Krisen und der Suizid der Schwester: Andri Sommerlands Geschichte erinnert an eine Verwünschung, die über seiner Familie liegt. Kein Fluch im religiösen oder magischen Sinne, sondern psychologisch-kognitivistisch gesehen als Bürde, die von Generation zu Generation weitergereicht wird.

»Suizid, wie er in unserer Familie vollzogen wurde, ist der gewalttätige Versuch, das eigene Ich zu töten, weil es mit so negativen Erfahrungen und Beziehungen verflochten ist. Man versucht, das Selbst in einer ultimativen und brutalen Art und Weise zu überwinden. Suizide erfolgen aus ganz verschiedenen Motiven. Verspielt jemand an der Börse viel Geld und will daraufhin sterben, so wird er wohl bereits Tage später das eigene Leben wieder mit ganz anderen Augen betrachten. In unserer Familie dagegen haben die Selbsttötungen eine lange und intensive Vorgeschichte.

Bereits als Zwanzigjähriger gab es Perioden, in denen mich die Angst ergriff, jegliche Kontrolle über mich zu verlieren, dass ich zum Beispiel, statt mir die Zähne putzen, mich mit einem Strick aufhängen würde, weil eine fremde krankhaft-dämonische Macht mich lenkt. Suizid, wie er in meiner Familie geschah, ist kein wirklich freiwilliger Akt, obwohl er gerade als letzte und stärkste Manifestation des freien Willens erscheint. Im entscheidenden Moment setzten wir das Messer oder die Pistole zwar selbst an, doch im Grunde genommen wurden wir schon seit Generationen auf diesen Punkt zugeschoben. Wir sind zum Opfer der Familiengeschichte geworden, gegen die wir uns so vehement gewehrt hatten.

Seit über drei Jahrzehnten beschäftigt mich das Thema Suizid immer wieder, aber nicht mehr in einer belastenden Art und Weise. Viele Probleme haben sich mittlerweile relativiert, trotzdem möchte ich das damalige Bewusstsein der absoluten Hilflosigkeit nie vergessen und mir die Thematik gewissermaßen erforschend weiter erschließen. Ich weiß, wie sich diese totale Verlassenheit anfühlt. Das Erlebte ist in mir, doch ich hafte nicht an ihm.

Seit ich Vater geworden bin, kenne ich zwar wieder Verlustängste, aber es sind ›normale‹ Sorgen, wie sie andere Eltern auch haben, sie beherrschen mich nicht. Manchmal fürchte ich zwar, dass meine Tochter und mein Sohn in den gleichen Schlamassel absinken könnten. Da zeigt er sich wieder, der Gedanke an den Familienfluch. Meine Vergangenheit war lange ein Grund dafür, nie Kinder haben zu wollen. Als meine Exfrau mit meinem Sohn schwanger wurde, bekam ich Albträume, Horrorvisionen verfolgten mich, nämlich dass in ihrem Bauch ein Gnom heranwachsen und mein Leben dominieren und zerstören würde. Als ich den Kleinen allerdings erstmals in den Händen hielt, wusste ich aber: Ich darf für den Rest meines Lebens für dieses kleine Geschöpf verantwortlich sein. Ein Gedanke, der sich gut anfühlte.

Ich achte sehr darauf, wie sich meine Kinder verhalten. Natürlich denke ich dabei an unsere Vorgeschichte, aber mit meinen Kindern oder meiner Exfrau würde ich das nie thematisieren, denn ich will keine bösen Geister wecken – meine Geschichte ist nicht ihre. Und ich sehe auch keine auffälligen Parallelen zu meiner Vergangenheit. Bis zu meinem Suizidversuch haben mich Neurosen geplagt. In der 4. Klasse machte ich eine Phase durch, in der ich jeden Satz mit ›vielleicht‹ beendete, weil ich befürchtete, dass ansonsten ja eine gewisse Wahrscheinlichkeit bestünde, ich könnte lügen. Oder ich erledigte die Schulaufgaben zwanghaft pedantisch und musste abends die Kindergebete immer und immer wieder aufsagen. Meine Kinder hingegen sind auch fleißige Schüler, aber sie nehmen es dann auch wieder sehr locker. Ich stelle fest, dass ihre Mutter und deren Familie die Kleinen stark prägen. Das erleichtert und freut mich zugleich.

Meine Kinder quetschen mich ab und zu über meine verstorbenen Geschwister aus. Sie sind sehr neugierig; man kann sie nur schwer hinters Licht führen. Ich schummle sie aber erfolgreich an und sage, Basil sei bei einem Autounfall ums Leben gekommen, Leica durch eine Krankheit. Das stimmt ja irgendwie.

Wenn die Kinder die heikle Zeit der Pubertät durchlebt haben und gefestigter sein werden, kann ich mir vorstellen, ihnen meine ganze Lebensgeschichte zu erzählen.

Mein älterer Bruder Ruben ging schon immer komplett anders mit unseren familiären Problemen um. Wir zwei bilden heute die letzten Überlebenden unserer Kernfamilie. Er war stets stabil, stand wie ein Felsen im Leben. Weder den Tod meines Bruders, den meiner Schwester noch meinen Suizidversuch kommentierte er je mit mehr als einem einzigen Satz. Später schrieb ich ihm drei Briefe zum Thema, er ließ alle unbeantwortet. Ruben verfügte schon immer über einen gesunden Selbstschutz. Bereits als Kind zog er sich zurück, wenn ein hysterischer Anfall unserer Mutter sich anbahnte, während wir anderen Geschwister glaubten, unsere Mutter beruhigen zu müssen. Psychisch und mental funktioniert er komplett anders als seine drei Geschwister. Er ruht in sich, gründete jung eine eigene Familie, ist Vater von vier Kindern, die psychisch ausgeglichen wirken und schulisch und beruflich reüssieren. Ruben ist kein rauer Typ, vielmehr erlebe ich ihn als zufriedenen, sehr offenen Menschen. Früh schlug er einen eigenen Weg ein, ahnte, dass er sich abgrenzen musste, um nicht unter die Räder zu kommen. Er besaß wohl den notwendigen Instinkt, sich emotional insbesondere nie zu sehr auf unseren Vater einzulassen, und bekam noch ein Selbstvertrauen mit auf den Weg, das uns andern drei fehlte, denn mit der Geburt Rubens folgten auch die ersten Depressionen meines Vaters und letztlich die chronische Überforderung meiner Mutter mit all den beschriebenen Konsequenzen. Was Ruben tat, war gesund und wohl das einzig Richtige. Mein Bruder Basil, meine Schwester Leica und ich hatten uns stark mit unserer Familiensituation auseinandergesetzt. Das ist an und für sich nicht falsch, aber der Analyse muss die Synthese folgen – für Ersteres mögen psychoanalytische Therapien nützlich sein, für das Zweite müssen andere Wege beschritten werden.

Nach dem Tod meiner Geschwister und als ich wieder Tritt gefasst hatte, zog es mich immer wieder weg: Ich arbeitete fast zehn Jahre im Ausland, lebte in Afrika und Asien. Erst als 2001 mein Sohn auf die Welt kam, ließ ich mich in Deutschland nieder und ging eine feste Beziehung ein. Sechs Jahre später überfiel mich ein lange anhaltender, schwerer depressiver Schub – erstaunlicherweise auch, nachdem ich vorher mit der ganzen Familie drei Monate lang durch Argentinien und Chile gereist war. War das Zurückkehren in diese strukturierte, mit persönlicher Geschichte belastete Welt der Auslöser? Es ging mir zuvor in Südamerika gut, ich fühlte mich nicht unter Druck. Möglicherweise war es aber auch die häusliche Ruhe, die mich stark einengte und mir die Möglichkeit raubte, jederzeit abspringen zu können. Archaische Ängste keimten in mir, ich fühlte mich für Augenblicke wie ein Mensch, der in eine römische Arena gestoßen wird, damit er sich sein Überleben erkämpfe – und dafür wider Willen morden muss. Monatelang ging es mir sehr schlecht, erneut musste ich Medikamente nehmen. Ich reagierte allerdings sehr spät darauf – so spät, dass eigentlich nicht klar war, ob diese Medikamente geholfen oder ob ein Selbstheilungsprozess stattgefunden hatte. Die Krise ließ mich stark abmagern. Erst als mir auffiel, dass auch mein Sohn nichts mehr aß, riss ich mich selbst aus dem Sumpf. Auf keinen Fall wollte ich, dass der Familienfluch weiterlebte! Deshalb trennte ich mich von meiner großzügigen und hilfsbereiten Frau, zu der eine erotisch befriedigende Beziehung aufzubauen ich allerdings nie imstande war. Aus Erfahrung wusste ich, dass sich jeder Helfende irgendwann selbst verliert, wenn er sich zu intensiv für einen depressiven Menschen einsetzt. So weit durfte es mit der Mutter meiner Kinder nicht kommen.

Die selbst erfahrene Depression durchdringt Mark und Bein. Ich kann auch verstehen, dass man diese Abgründe – hat man sie einmal durchschritten – nur noch vergessen will, man sich nur noch erholen will. Als psychisch gesunder Mensch kann man sich gar nicht vorstellen, dass es solche Zustände überhaupt gibt. Ich habe die erwähnten Medikamente nur wenige Monate eingenommen, inzwischen fühle ich mich stabil, auch wenn man nie weiß, was als Nächstes passiert. Den »schwarzen Hund«, wie der australische Schriftsteller Les Murray seine Depression bezeichnet, kann man nicht totschlagen. Aber man kann mit ihm leben lernen, sogar gut leben lernen, je besser man ihn kennt, wenn man ihn aufmerksam beobachtet, respektiert, aber nicht fürchtet.

Mit meiner ehemaligen Frau verstehe ich mich gut, und wir kümmern uns immer noch gemeinsam um das Haus, in dem die Kinder wohnen. Ich bin froh, dass sie schon recht bald nach unserer Trennung einen Freund gefunden hat, sodass ich nicht das Gefühl haben muss, ihr Leben vermasselt zu haben. Sitzmeditation praktiziere immer noch, auch wenn ich mir aufgrund einer Zwerchfellhernie keine langen Übungen mehr erlauben darf. Beruflich ist vieles unsicher, aber ich kann damit umgehen. Es geht mir gut. Vor Jahren träumte ich einmal, dass ich zusammen mit Basil und Leica lachte. Es blieb das Gefühl, dass sie einen dunklen Tunnel durchwandert hätten und jetzt wieder neue Menschen wären.«

»Oft frage ich mich, warum mein Bruder dies getan hat. Doch nur wenn man aufhört, in der Vergangenheit zu bohren, schafft man es, positiv weiterzuleben.«

Simon Stuker (SS), 28, angehender Sozialpädagoge

»Es gibt zwei Arten, mit Problemen umzugehen. Entweder man denkt: ›Schon wieder wird unsere Familie durch eine schreckliche Nachricht geprüft‹ – und lebt somit in ständiger Angst vor dem, was im Leben noch alles auf einen zukommt. Oder aber man bleibt zuversichtlich und glaubt daran, dass es wieder gut wird.«

Julia Stuker (JS), 26, Immobilienvermarkterin

Lebensbejahend. Trifft man auf die Geschwister Stuker, fällt einem dieses Attribut unweigerlich ein. Die positive Einstellung von Simon und Julia Stuker geht so weit, dass sie mittlerweile auch im Suizid ihres jüngsten, damals 19-jährigen Bruders einen Sinn sehen.

Ob Bewältigungsstrategie oder optimistische Denkweise: Die Zentralschweizer Geschwister Simon und Julia Stuker wollen nicht mit den Ereignissen der letzten Jahre hadern, auch wenn sich diese überschlugen. In Simon Stukers Leben haben sich die Grundpfeiler seit dem Suizid des Bruders vor vier Jahren maßgeblich verschoben: Er trennte sich von seinem Partner, zog in eine neue Wohnung und orientierte sich beruflich komplett neu. Überdies entdeckten Ärzte bei ihm eineinhalb Jahre nach dem Tod seines Bruders eine äußerst seltene Krebsart. Im selben Jahr trennten sich zudem die Eltern. Doch statt an diesen Einschnitten zu zerbrechen, sagt er heute:»Seit Philips Tod lebe ich bewusster. Ich weiß mittlerweile, dass das Leben jederzeit vorbei sein kann, deshalb genieße ich es umso stärker und fühle mich dadurch freier und glücklicher.« Seine vollen Lippen zucken leicht, man nimmt ihm das Lächeln ab.

Auch seine um zwei Jahre jüngere Schwester Julia begegnet einem mit der gleichen positiven Gesinnung. Sie ist bedacht darauf, die Sätze affirmativ zu formulieren, und pocht etwa beim Gegenlesen ihrer Geschichte darauf, viele Passagen, die das Umfeld – insbesondere ihre Eltern – belasten könnten, zu streichen. Sie wolle ihre Mutter und ihren Vater schützen und deshalb gewisse Details lieber unerwähnt lassen. Julia Stuker ist eine adrette, zierliche Erscheinung. Mehrere Male während unseres Gesprächs glänzen ihre Augen feucht, immer aber bleibt sie gefasst. »Es tut gut, sich wieder einmal detailliert mit seinem Tod zu beschäftigen«, sagt sie.

Die Geschwister Stuker sind in einem 500-Seelen-Dorf am Fuße der Rigi groß geworden. Für das gemeinsame Gespräch schlagen die Geschwister ein Restaurant am Luzerner Hafen vor. Es ist ein trüber Wintertag, See und Himmel wetteifern um den dumpferen Grauton, während am Horizont das angeschmutzte Weiß der Schneeberge schimmert.

Weshalb haben Sie für unser Treffen diesen Ort am Ufer des Vierwaldstättersees ausgewählt?

JS — Unser Bruder Philip liebte das Element Wasser. Außerdem besaßen unsere Großeltern hier ein Motorboot, und wir verbrachten Sommer für Sommer auf dem See. Das waren Momente, in denen die Familie sehr glücklich war. Hinzu kam, dass Philip an allem hing, was sich irgendwie um Motoren drehte: Die Technik, die Geschwindigkeit und die Manöver der Boote faszinierten ihn.

SS — Zudem gibt es dieses Bild, das Philip als etwa 14-Jähriger vom See aus aufgenommen hat. Im Vordergrund schwimmt ein einsamer Schwan, während dahinter Luzern im Sonnenuntergang versinkt.

JS — Stimmt. Mit diesem Foto gelang Philip eine wunderschön kitschige Momentaufnahme, die bis heute bei allen Familienmitgliedern zu Hause steht.

SS — Wir verbinden das Bild stark mit unserem Bruder, deshalb stellten wir es auch an seiner Beerdigung auf. Der Pfarrer erwähnte es sogar in seiner Predigt.

Welche Erinnerungen haben Sie an Ihre Kindheit?

JS — Wir wohnten in einem alten Haus mit viel Umschwung. Die Eltern führten gleich nebenan einen Käsereibetrieb mit einem kleinen Lebensmittelladen. Sie befanden sich deshalb – im Gegensatz zu den Eltern unserer Schulkameraden – immer in unserer Nähe, es war eine wohlbehütete Zeit.

Viele Hinterbliebene werden nach einem Suizid nach der familiären Situation gefragt, weil sie annehmen, etwas sei innerhalb der Familie schiefgelaufen. Wie reagieren Sie, wenn Sie jemand darauf anspricht?

SS — Ich glaube nicht, dass es eine Verbindung zwischen Philips Tod und unserer Familiensituation gibt. Klar lernen Kinder gewisse Werte oder werden von den Eltern geprägt, aber dass das mit seinem Tod zusammenhängt denke ich nicht.

JS — Welche Werte meinst du?

SS — Philip zum Beispiel betonte Äußerlichkeiten, das übernahm er wohl von unserem Vater. Beiden war wichtig, wie das Umfeld sie wahrnahm und was andere über sie dachten.

JS — Ich bin ebenfalls überzeugt, dass die familiäre Situation nicht mit Philips Suizid zusammenhängt. Ich habe auch nie das Gefühl, ich müsse mich meiner Familie wegen rechtfertigen, wenn mich jemand nach Philips Tod fragt. Die Eltern gaben uns dreien ein gutes Rüstzeug mit, die Rahmenbedingungen für uns Kinder waren ideal. Philip war ein allseits beliebter Junge, er kam auch bei den Frauen gut an. Während seiner Ausbildung zum Automechaniker schätzte ihn der Lehrmeister. Da unser Bruder sich seit je für Technik interessierte, gingen seine Freunde bereits ab dem Teenageralter bei uns ein und aus, um gemeinsam ihre Mofas zu frisieren.

Im Herbst 2009 nahm sich Ihr jüngster Bruder das Leben. Sie haben mir erzählt, dass es ihm vor seinem Tod schlecht ging.

JS — Philip war ein sehr lebendiger und schwatzhafter Junge, hier riss er einen kleinen Witz, da setzte er einen Seitenhieb. Sein Umfeld, soweit wir es beurteilen können, war völlig intakt. Doch in den Wochen vor seinem Tod, so ab dem Spätsommer, wirkte er plötzlich passiv und nachdenklich. Er teilte uns mit, dass er nicht gut schlafen könne und nicht wisse, weshalb. Auch sein Äußeres begann er, besonders in den Wochen vor seinem Tod, zu vernachlässigen. Dabei waren ein schicker Kleiderstil und sein stets stark gegeltes Haar sein Markenzeichen.

SS — Findest du? Das ist mir gar nicht aufgefallen.

JS — Doch. Mir haben auch seine Freunde bestätigt, dass er sich gehen ließ.

SS — Du warst damals schon ausgezogen, ich wohnte halb bei meinem Freund, halb bei den Eltern. Normalerweise diskutierten Philip und ich am Abend zu Hause. Auf einmal aber hingen wir immer öfter schweigend vor dem Fernsehen. Ich sprach ihn darauf an, doch er entgegnete bloß, dass er in einer komischen Phase stecke, konkreter wurde er nicht. Einige Wochen vor seinem Tod bemerkte ich, dass er sich mehr und mehr zurückzog. Er vertraute mir an, dass es ihm nicht gut gehe. Das sei doch bestimmt nur ein Zwischentief, sagte ich und dachte, er durchlebe eine pubertäre Verstimmung. Ich hätte in diesen Jahren ebenfalls solche Krisen durchgemacht, munterte ich ihn auf, er fände aus diesem Loch schon wieder raus. Nach ein paar Tagen wandte er sich nochmals an mich und sagte, es gehe ihm wirklich schlecht.

JS — Echt, hat er das so gesagt?

SS — Ja. Wir füllten daraufhin zusammen im Internet einen Test aus, der zeigen sollte, ob jemand unter einer Depression leidet oder nicht. Das Ergebnis wies eine leichte Depression aus. Ich informierte mich daraufhin im Internet, wie man jemanden ohne Medikamente aus diesem Tief herausholen kann, und las, dass Sport helfen soll, also nahm ich ihn zwei- bis dreimal in der Woche zum Laufen mit. Das Training tat ihm gut, doch er litt weiterhin unter starken Schlafstörungen. Es war offensichtlich, dass ihn etwas stark beschäftigte.

JS   — Immerhin thematisierte er seinen Zustand, sodass wir darüber auch in der Familie diskutierten konnten. Philip und ich pflegten von Kind auf ein sehr enges Verhältnis, wir teilten mehr Gemeinsamkeiten als ich mit Simon. Wir ähnelten uns äußerlich sehr, hatten den gleichen Humor und waren beide sehr ehrgeizig. Ein paar Wochen vor seinem Tod besuchte er mich in meiner Wohnung. Ich fragte ihn nach seinem Befinden, er versicherte mir, es gehe ihm besser. Mein Auszug von Zuhause hatte eine gewisse Distanz zwischen uns geschaffen – ich glaubte ihm also. Das machte ich mir später lange zum Vorwurf. Immer wieder fragte ich mich, warum ich in diesem Augenblick nicht richtig zugehört, nicht mehr nachgehakt hatte. Warum hatte ich die Alarmglocken überhört? Die Frage quälte mich lange. Als Vertrauensperson hätte er mir bestimmt erzählt, was ihn dermaßen belastete.

SS   — Ich bin heute der Ansicht, dass man jemanden nur so fest unterstützen kann, wie es das Gegenüber zulässt. Sonst redest du direkt gegen eine Wand. Man muss sich helfen lassen wollen. Was hättest du denn noch mehr machen können? Wir haben doch alles für ihn getan, nicht?

JS   —Vielleicht hätten wir intensiver mit ihm reden, noch mehr mit ihm unternehmen müssen und ihm mehr Beachtung schenken – bis er sich irgendwann entschlossen hätte, über seine wahren Probleme zu sprechen.

SS   — Aber glaubst du nicht, dass er zu uns gekommen wäre, wenn es ihm wirklich ein Bedürfnis gewesen wäre?

JS   — Vielleicht dachte er sich: Meine Schwester ist ausgezogen, sie führt nun ein anderes Leben und interessiert sich nicht mehr für mich.

SS — Aber dann hätte er ja zu mir kommen können. Ich wohnte ja damals praktisch zu Hause.

JS — Ich weiß auch nicht, aber ich spüre, dass ich noch mehr hätte unternehmen können. Es war ja kein Geheimnis, dass es ihm nicht gut ging. Die Anzeichen waren deutlich, er hat uns nichts vorgemacht. Allerdings war uns nicht bewusst, dass ihn sein Tief auf den Gedanken brachte, nicht mehr leben zu wollen.

Was ist am Tag seines Todes geschehen?

SS — Philip verbrachte eine Nacht mit seinen Freunden am Oktoberfest in München und reiste frühmorgens am Sonntag mit dem Bus nach Hause. Gegen Mittag frühstückte er, und Mami fragte ihn, ob er nicht mit zu Julia kommen wolle. Er verneinte und sagte, er ruhe sich lieber noch ein wenig aus.

JS — Mami besuchte mich in meiner Wohnung, die liegt keine zehn Minuten vom Wohnort meiner Familie entfernt. Es war ein prachtvoller Herbsttag und wir schlenderten auf den Markt, aßen Süßigkeiten, genossen die Sonne und schwatzten mit Bekannten. Anschließend fuhr sie wieder nach Hause. Ich nahm mir vor, auf dem Balkon meine Nägel zu lackieren, während sich der Himmel am Horizont orangerot verfärbte. Da klingelte das Telefon. Ich wusste in diesem Moment nicht, dass Philip schon tot war und dass ab diesem Augenblick alles anders sein würde. Mami sprach mit ruhiger Stimme und bat mich, nach Hause zu kommen, sie bräuchte meine Hilfe. Ich wurde nervös und wollte sofort wissen, was vorgefallen sei, denn ihr Anruf kam mir seltsam vor. Sie sagte bloß, Philip läge auf dem Büroboden und blute. Ich denke, sie wusste in diesem Augenblick, dass er nicht mehr lebte, doch sie wollte mich schonen. Was ich noch weiß: Sie wiederholte mehrmals, ich solle doch bitte vorsichtig fahren. Auf dem Weg fiel mir das Ambulanzfahrzeug einige Autos weiter vor mir auf, und ich dachte, dass die Sanitäter bestimmt wegen Philip unterwegs sind. Ich sollte richtigliegen. Vom Wagen aus rief ich Simon an und forderte ihn auf, so schnell wie möglich nach Hause zu kommen. Während der Fahrt hoffte ich, dass nichts Schlimmes geschehen sei. Nie im Leben hätte ich gedacht, dass Philip sich umgebracht hatte. Nie.

SS — Ich hatte gerade Feierabend, als du anriefst. Du sagtest, ich solle sofort nach Hause kommen, es sei etwas mit Philip geschehen.

JS — Die Ambulanz traf Minuten vor mir ein. Mami stand am Hauseingang, umarmte mich und teilte mir mit, dass Philip tot sei. Er hatte sich erschossen, Mutter fand ihn. Ich staune bis heute, wie ruhig sie in dieser Situation blieb. Klar, weinte sie, aber vor allem funktionierte sie und kümmerte sich um uns. Sie war weder apathisch noch hysterisch, sondern total gefasst. Sie kochte Tee und schaute, dass ich nicht hochging, wo Philip noch lag.

SS — Nachdem du mich angerufen hattest, ging ich wie in Trance in mein Büro zurück und meldete mich für die nächsten Tage ab. Ich habe keine Ahnung, warum ich das tat, man macht in diesem Zustand Dinge ganz unbewusst. Danach wollte ich nur noch nach Hause und raste dementsprechend über die Landstraße. Hätte mich die Polizei damals angehalten, hätte ich meinen Führerschein mit Sicherheit abgeben müssen.

JS — Zu Hause kam ein Care-Team vorbei. Mittlerweile traf Papa ein, der noch auf der Arbeit war. Schließlich saßen wir alle unten am Küchentisch versammelt, im Zentrum unseres Hauses. Es war der schlimmste Moment und gleichzeitig der intensivste. Auch unser Vater weinte. Ich fühlte mich mit allen sehr verbunden, denn in diesen Stunden ging es uns allen gleich dreckig.

SS — Mich störte das Verhalten der Polizei, es war wie bei einem Verhör: Sie wollten wissen, wem die Waffe gehöre und warum unser Vater Munition zu Hause lagere. Philips Tod war noch so frisch, keine Stunde her, und schon löcherten sie einen mit solchen Fragen. Das fand ich sehr unsensibel.

JS — Sie taten doch nur ihre Arbeit, ich kann das verstehen.

SS — Unsere Aussagen hätten sie auch ein paar Tage später aufnehmen können. Nachdem alle Außenstehenden gegangen waren, reinigte ich mit meiner Mutter das Büro, in dem er sich erschossen hatte. Das war für mich ein notwendiger und hilfreicher Akt. Nur so realisierte ich allmählich, dass Philip wirklich gestorben war.

Haben Sie Ihren Bruder nochmals gesehen?

JS   —— Ich wollte zuerst nicht. Doch danach glaubte ich, es zu bereuen, wenn ich mich nicht noch einmal physisch von ihm verabschieden würde. Als er aufgebahrt vor mir lag, war das aber nicht Philip, er war nicht länger dieser lebensfrohe, verschmitzte Bruder, den ich gekannt hatte. Sein Gesicht war eingefallen und schien gelblich. Dieser Anblick erschreckte mich und tat mir gar nicht gut.

SS   —— Als er in der Aufbahrungshalle lag, wollte ihn eine gute Freundin von mir nochmals sehen. Da ich den Schlüssel zum Aufbewahrungsraum besaß, schloss ich für sie die Tür auf. Fälschlicherweise ging ich davon aus, dass er sich in einem Nebenraum befand, doch als ich die Halle öffnete, lag Philip direkt vor mir. Sein Anblick ließ mich beinahe zusammenbrechen. Über eine Stunde saß ich danach draußen, ehe ich mich entschloss, nochmals bewusst hineinzugehen. Die Bestatter hatten ihn schön hergerichtet. Im Nachhinein fühlte es sich gut an, im Raum gewesen zu sein, selbst wenn ich ihn kaum ansah.

Hat Philip einen Abschiedsbrief hinterlassen?

JS   —— Nein, wir fanden nichts.

Hätte Sie sich einen gewünscht?

SS   —— Es ist sicher schwieriger, wenn ein Brief fehlt. So erfahren wir den Grund für den für uns total unerwarteten Suizid nie. Inzwischen sage ich mir: Es ist, wie es ist, ändern können wir es nicht mehr.

| JS | — Besonders in den ersten Wochen nach seinem Tod habe ich einen Brief vermisst. Nun bleibt die Frage nach dem ›Warum‹ immer offen. Wir werden niemals eine Antwort oder eine Erklärung für seinen letzten Schritt erhalten. |

Wie sehr suchen Sie heute noch nach Gründen?

JS	— Ich suche nicht mehr.
SS	— Am Anfang dominierte diese Suche mein Leben. Und ich frage mich bis heute, warum er das getan hatte. Doch nur wenn man aufhört, in der Vergangenheit zu bohren, schafft man es, positiv weiterzuleben. Irgendwann muss man dies akzeptieren, sonst geht man daran kaputt.
JS	— Ich begann kurz nach seinem Tod mit einer Psychotherapie. Gerade weil Philips Suizid so unerwartet geschah, hatte ich viele offene Fragen. Die Sitzungen halfen mir sehr. Doch ich realisierte in dieser Zeit, dass es Philip selber war, der diesen Entscheid gefasst hatte, und wir unser Leben fortführen mussten. Er wird immer ein Teil von uns bleiben, aber für uns dreht sich der Alltag weiter.

Zu welchem Zeitpunkt hatten Sie das Gefühl: Jetzt geht das Leben wieder weiter?

| SS | — Etwa ein halbes Jahr später. Einige Wochen nach Philips Tod lief meine damalige Temporärstelle aus, ich blieb einen Monat lang arbeitslos. Es war die Zeit, in der endlich Ruhe einkehrte, ich brauchte das. Tagelang lag ich im Bett, saß vor dem Fenster, oft ungeduscht und alleine. Im Frühling schließlich ging es aufwärts. Ich zog in eine andere Wohnung. |
| JS | — Im Februar begann ich eine Weiterbildung, obwohl ich nach all dem Geschehenen zuerst darauf verzichten wollte. Es war die richtige Entscheidung, es doch zu tun, die Ablenkung und Herausforderung verliehen mir neuen Schwung. Viel Unterstüt- |

zung bekam ich auch von einer Freundin, die ihre Mutter durch Krebs verloren hatte. Unsere Gespräche taten mir gut, ich stieß bei ihr auf viel Verständnis. Sie brachte mich auch dazu, in Zürich ein Medium aufzusuchen, um mit Philip in Kontakt zu treten. Immer wieder fragte ich mich, wo er nun sei. Lebt er weiter und wenn ja, wie? Der Besuch bei diesem Medium prägte mich stark. Die Frau konnte Kontakt zu ihm herstellen und beschrieb mir Details, von denen sie als Außenstehende nichts hätte wissen können. Sie sagte mir beispielsweise, wo unser Esstisch stand und dass Philip und ich uns jeweils Wettrennen auf der knarrenden Treppe in den ersten Stock hinauf geliefert hatten. Das Medium bestätigte mir, dass Philip in meinem Leben weiterhin existiert und er mich ständig begleitet. Ich weiß seither, dass er mich sieht, das beruhigt mich.

SS — Ich ging nur einmal zu einem Psychologen und stellte fest, dass mir dieses Gespräch nichts brachte. Hilfreicher war, dass ich die Zeit nach dem Tod für mich alleine nutzte, um über mich und mein Leben nachzudenken. Julia erzählte mir von diesem Medium, das sie in Zürich besucht hatte. Zusammen mit meiner Mutter fuhren wir schließlich zu dritt zu dieser Frau. Diese Sitzung löste in mir, ähnlich wie bei meiner Schwester, viel aus. Interessanterweise fragte ich das Medium nicht nach dem Grund für Philips Suizid, auch wenn dies eine Gelegenheit gewesen wäre, mehr über seine Entscheidung zu erfahren. Plötzlich schien mir dieser Aspekt zweitrangig, stattdessen war es für mich wichtiger zu spüren, dass Philip nach wie vor um uns präsent ist. Es treten immer wieder eindeutige Zeichen auf, die mir das bestätigen. Nach seinem Tod beispielsweise fanden wir seine Jacke nirgends mehr. Wir suchten sie überall, sie war sein Lieblingskleidungsstück gewesen, er trug sie voller Stolz. Ein halbes Jahr später war ich abends auf dem Heimweg, als ich mich spontan dazu entschloss, alleine in einer Bar noch etwas trinken zu gehen. Ich ging also zufällig in die nächste Kneipe und setzte mich an die Theke. Mein Blick schwenkte zur Garderobe und was sah ich da? Am ersten Haken hing diese Jacke, als hätte sie dort auf mich gewartet, nachdem wir zuvor wochenlang nach ihr gesucht hatten. Ich war sprachlos.

Und selbst wenn diese spirituellen Momente wegfallen würden, rationale Gedanken bestätigen mir Philips Präsenz in unserem Leben: Wir Menschen bestehen alle aus Energie. Diese verschwindet nicht einfach, bloß weil jemand stirbt.

Wie zeigt sich Ihre Trauer um Philip heute?

SS ⸺ Ich erlebe immer wieder Momente, in denen ich sehr traurig bin. Insbesondere in der Herbstzeit, wenn sich sein Todestag jährt, häufen sich die schweren Gedanken. Trauer ist kein Gefühl, das man steuern kann, sie übermannt einen oft dann, wenn man sie nicht erwartet. Bei mir äußert sich das jeweils darin, dass ich Mühe habe, am Morgen aufzustehen und in die Gänge zu kommen. Aber im Unterschied zur Anfangszeit weiß ich heute, dass diese Phasen vorbeiziehen.

JS ⸺ Die Trauer ist ein Teil unseres Lebens geworden, immer wird es Augenblicke geben, in denen alles hochkommt. Ich treffe ab und zu auf den besten Freund von Philip. Wir stoßen dann jeweils auf ihn an. Meistens schießen mir dann Tränen in die Augen. Grundsätzlich halte ich diese Regung für sehr schön und normal. Mein Bruder bleibt ein wichtiger Mensch in meinem Leben.

SS ⸺ Er geht nicht vergessen. Neben meinem Bett steht ein Bild von ihm. Es gibt Momente, da macht mich dieser Anblick sehr traurig. Dann wiederum wünsche ich ihm einfach so ›Gute Nacht‹.

JS ⸺ Manchmal hab ich schon Angst, dass wir ihn vergessen. Denn unser Leben dreht sich weiter, der Alltag fordert uns, und wir müssen ständig neue Hürden nehmen. Manchmal packt mich ein schlechtes Gewissen, wenn ich lange nicht an ihn denke.

SS — Dieses Gefühl kenne ich. Aber du weißt, dass das nichts bringt, denn wir werden ihn nie wirklich vergessen. Doch es ist normal, dass mit den Jahren auch die Distanz ihm gegenüber wächst.

Waren Sie nie wütend auf ihn?

JS — Nein, eher enttäuscht, dass er mit mir nicht über seine Ängste, Gefühle und Probleme gesprochen hatte.

SS — Ich hatte solche zornigen Phasen, in denen ich mich vor allem mit der Frage quälte, warum er sich uns gegenüber nicht geöffnet hatte. Wir hätten bestimmt eine Lösung für ihn gefunden.

Hatten Sie selbst auch Suizidgedanken nach Philips Tod?

SS — Ja, aber sie blieben stets Theorie, ohne konkrete Absicht. Besonders im ersten Monat nach seinem Tod, als ich allein zu Hause herumgrübelte, stellte ich mir häufig vor, wie es wäre, tot zu sein.

JS — Mir ging es ähnlich. Mich beschäftigte auch die Vorstellung, wie sich das Lebensende wohl anfühlt. Ernsthafte Gedanken waren das nicht.

Verspüren Sie heute mehr Ängste als früher, etwa vor weiteren schmerzhaften Verlusten?

SS — Nein, es hat sowieso alles seinen Grund im Leben, denn jemand viel Höheres steuert uns. Ob das jetzt Gott ist oder nicht, ist letztlich egal, doch es kommt, wie es kommen muss. Davon bin ich überzeugt. Julia und ich sind beide grundsätzlich sehr positiv eingestellte Menschen. Wir genießen den Moment, und nach Philips Tod noch viel bewusster.

JS — Das wäre doch nicht konstruktiv, wenn wir jetzt dauernd denken würden, hoffentlich passiert jetzt nichts mit unseren Eltern. Simon und ich haben schon häufig zueinander gesagt, dass wir auch positive Sachen in Philips Tod sehen, weil wir uns dadurch im guten Sinn entwickelt haben. Es musste vielleicht so kommen, damit sich unsere Eltern trennten und wir beide nun in einer viel glücklicheren Partnerschaft leben. Der Suizid hat auch meine Denkweise beeinflusst: Ich lebe heute viel gelassener und weniger fokussierter; mein Horizont hat sich erweitert.

SS — Ich gönne mir heute viel mehr Zeit für mich.

JS — Mir geht es ebenso. Früher ärgerte ich mich über Kleinigkeiten. Vor Philips Tod war es für uns selbstverständlich, dass es uns gut geht und die Familie vollständig ist. Dann veränderte sich unser Leben von einer Sekunde auf die andere komplett. Darüber hatten wir keine Macht, und genau das zählt: Wir konnten unser Schicksal nicht beeinflussen, alles folgt einem höheren Sinn. Das sagen wir oft zueinander, nicht wahr, Simon?

SS — Genau. Ich glaube, dass ich eineinhalb Jahre später an Krebs erkrankte, damit ich für einmal innehalte. Der Tumor setzte sich in meiner Schulter fest, es war ein extrem seltenes Krebsleiden. Fachpersonen sagten mir, ich sei der einzige Patient in der Schweiz mit dieser Diagnose. Als der Arzt mir meine Werte mitteilte, lautete mein erster Gedanke: ›Durch den Tod meines Bruders trage ich eine schwere Last auf meiner Schulter.‹ Bis zum Krebsbefund nahm ich mir nur wenig Zeit, den Suizid wirklich zu verarbeiten. Klar, ich verbrachte einen Monat zu Hause, doch später stürzte ich mich wieder in die Arbeit und orientierte mich beruflich neu. Die Krankheit zwang mich zu pausieren und mir Zeit zu nehmen, die Dinge wirklich anzuschauen. Damals beschloss ich, mich als Sozialpädagoge ausbilden zu lassen.

Erst der Suizid des jüngeren Bruders, eineinhalb Jahre später die Krebsdiagnose des ältesten Bruders. Julia Stuker, hatten Sie nicht Panik, noch ein Geschwister zu verlieren?

JS   —— Im ersten Moment dachte ich: ›Warum trifft es schon wieder unsere Familie? Ich habe bereits einen Hammerschlag erlebt, warum also nochmals? Wann hört das endlich auf?‹ Ich brauchte erst mal ein paar Tage, um das Ausmaß der Diagnose zu realisieren, danach folgte die Sorge um Simon. Doch, vielleicht um mich zu schützen, versuchte ich von Anfang an positiv zu denken. Ich spürte, dass Philip uns beistehen wird. Ganz einfach: Ich vertraute. Es gibt zwei Arten, mit Problemen umzugehen. Entweder man denkt: ›Schon wieder wird unsere Familie durch eine schreckliche Nachricht geprüft.‹ Und leidet unter ständiger Angst davor, was im Leben noch alles kommt. Oder man bleibt zuversichtlich und glaubt daran, dass es wieder gut wird.

SS   —— Auch für mich war es ein Schock, doch von Anfang an begleitete mich ein gutes Gefühl. Ich verspürte zwar Angst, doch eine Stimme in mir sagte: Wenn ich mich der Vergangenheit stelle, dann würde mich das weiterbringen. Ich habe den Krebs schließlich besiegt, gleichzeitig wagte ich beruflich neue Wege. Ich stand lange Zeit nicht wirklich im Leben, nie wusste ich, was ich eigentlich arbeiten wollte. Existenzielle Ängste plagten mich. Mir gefiel der Verkauf von Autos, ich teilte Philips Leidenschaft für Technik, doch zunehmend fehlte mir die Befriedigung. Ich arbeitete auf Provision und war gezwungen, die Ware zu verkaufen. Der soziale Bereich bietet mir viel mehr Sinn. Auch in meiner Beziehung fühle ich mich heute zum ersten Mal frei, ich lasse die Partnerschaft sich entwickeln, ohne Druck und Angst vor der Zukunft.

Zum Zeitpunkt von Philips Tod hatten beide Geschwister andere Partner als heute, und es drängt sich die Frage auf, ob die Trennungen auch eine Folge des Suizids waren. Beim Gegenlesen wollen beide die Passagen über die Beziehungen streichen lassen mit der Begründung, die Antworten hätten nichts mit Philips Suizid zu tun.

Wie reagierte das Umfeld auf den Suizid?

SS — Mein enger Freundeskreis hat mich stets unterstützt; ich fühle mich bis heute sehr gut getragen. Es gab einige Kollegen, die hatten wohl Angst, nicht richtig zu reagieren, und so schwiegen sie, statt nachzufragen. Gewisse Dorfbewohner wechselten sogar die Straßenseite, wenn ich ihnen entgegenkam.

JS — Auch ich stellte ganz unterschiedliche Reaktionen fest. Ich denke, das Wichtigste ist, dass man als Außenstehende nicht schweigt, sondern irgendeine Anteilnahme zeigt.

Wie sehr ist Philips Suizid heute ein Thema in Ihrer Familie?

SS — Es ist kein Tabu, wir sprechen offen über ihn, besonders mit der Mutter.

JS — Zu Hause wurde das Thema nie totgeschwiegen. Wir haben immer darüber gesprochen, und das war auch wichtig.

Ihre Eltern trennten sich zwei Jahre nach Philips Suizid. Hatte der Tod ihres Sohnes sie auseinandergebracht?

JS — Sie hätten sich so oder so getrennt, denn je länger sie zusammenlebten, umso deutlicher zeigten sich die Differenzen. Doch der Suizid ihres jüngsten Sohnes belastete ihr ohnehin schon angespanntes Verhältnis zusätzlich. So verarbeiteten sie Philips Verlust sehr unterschiedlich. Papa fragte ständig nach Gründen und haderte damit, warum es ausgerechnet unsere Familie getroffen hatte, er denkt bis heute negativ. Mami hingegen sagte sich, dass das Leben irgendwie weitergehe. Sie war auch offen für den

Besuch beim Medium. Es kann sein, dass ein solcher Schicksalsschlag eine Beziehung zusammenschweißt, bei unseren Eltern geschah das Gegenteil. Simon und ich wendeten viel Zeit auf, um zwischen ihnen zu schlichten. Irgendwann sagten selbst wir Kinder, dass es wohl besser wäre, wenn sie getrennte Wege gingen.

Woher nehmen Sie Ihre Kraft?

SS — Wir wurden schon früh zur Selbstverantwortung erzogen und leben in einem sehr intakten Umfeld.

JS — Ich habe ein gutes Netzwerk, meine Freunde sind für mich da. Und dass wir beide uns haben, zählt zum Wichtigsten überhaupt. Ich weiß nicht, wie ich damit umgehen würde, wenn ich alles alleine durchstehen und die Last alleine tragen müsste. Das Schicksal hat uns zusammengeschweißt.

SS — Wir waren früher ganz unterschiedlich. Durch Philipps Suizid entwickelten wir uns in die gleiche Richtung. Eigentlich ist mit uns das passiert, was mit den Eltern nicht geschehen ist: Der Tod hat uns näher zusammengebracht. Ich ticke mittlerweile sehr ähnlich wie du.

JS — Oder ich wie du. Ich glaube, ich habe mich noch mehr verändert, in deine Richtung.

SS — Meinst du?

JS — Du warst schon immer gelassener und sozialer. Nun bin ich es auch geworden.

»Ich wünschte, ich könnte ihm die Lücke aufzeigen, die er hinterlassen hat. Allerdings bezweifle ich, dass meine Worte damals etwas bewirkt hätten.«

Michaela Walser, 30, Kriminalpolizistin

Nachts gelingt es Michaela Walser regelmäßig, ihren um ein Jahr jüngeren Bruder umzustimmen. Sie bittet ihn, er möge diesen endgültigen Schritt nicht gehen. Wacht die Polizistin am Morgen auf, braucht sie einige Sekunden, um zu begreifen: Das sind nichts als Wunschträume.

»Warum konnte ich es nicht verhindern? Wie werde ich diesen Gedanken endlich los?« Die Fragen, die Michaela Walser vor dem ersten Treffen in einer E-Mail stellt, bilden den gemeinsamen Nenner bei allen porträtierten Hinterbliebenen. Ereignisse zu rekonstruieren, Klarheit zu schaffen, Täter und Opfer auszumachen gehört zum Beruf als Kriminalpolizistin. Doch in der eigenen Geschichte von Michaela Walser fehlen Schuldige, und das Innenleben ihres Bruders, jener Gedankenstrudel, der ihn dazu bewog, seinem Dasein ein Ende zu setzen, lässt sich nur erahnen. In ihrem persönlichen Fall gibt es nichts zu lösen.

»Ein einziges Puzzlestück ist zwar klein«, sagt sie während der ersten Begegnung. »Doch fehlt bei einem Puzzle ein Teil, fällt das sofort auf. So ist es seit dem Tod meines Bruders in unserer Familie.« Setzt Michaela Walser an, um aus ihrer Vergangenheit zu sprechen, erzählt sie detailreich und lebendig. Sie ist keine, die die Zügel gerne aus der Hand gibt, sondern sie habe gerne alles im Griff, sagt sie und streicht sich über ihr schulterlanges, dichtes Haar. Es erstaunt nicht, dass sie bereits als Teenager wusste, was sie dereinst werden würde: Kriminalpolizistin, ihr Traumberuf, oder noch besser, ihre Berufung, wie sie inzwischen weiß, denn sie habe einen ausgeprägten Sinn für Gerechtigkeit. Um ihren Bruder hatte sie sich, besonders in der Zeit, als er sich zurückzog, sehr gesorgt, doch auch ihr verbarg sich sein längst gefällter Entscheid.

Die Treffen mit Michaela Walser erstrecken sich in loser Folge über drei Jahre, und bei jeder Begegnung zeigt sich, wie hoffnungsvoll sich der Faktor Zeit auf ihre Trauer auswirkt: »Ich bin sehr glücklich«, sagt sie beim letzten Gespräch und erzählt von ihrer letzten Auslandsreise und einer neuen Beziehung. »Es ist beruhigend zu wissen, dass unsere Seele sich selber heilen kann. Nie hätte ich das damals nach seinem Suizid gedacht.« Diese Erkenntnis ist letztlich vielleicht auch die Antwort auf ihre eingangs gestellten Fragen. Denn geht es nicht eben gerade darum, das Unfassbare endlich akzeptieren zu können?

»Vor einer Frage schrecke ich seit dem Tod meines Bruders besonders zurück. Sie ist belanglos und dient meist nur dazu, den Small Talk nicht einschlafen zu lassen. Ich aber zucke zusammen, wenn jemand fragt: ›Hast du Geschwister?‹ Bis heute weiß ich nicht, wie ich darauf angemessen reagieren soll. Um zu vermeiden, dass sich die Stimmung abrupt ändert, antworte ich manchmal: ›Keine.‹ Dann packt mich stets das schlechte Gewissen, weil ich meinen Bruder dadurch verleugne, ich bin schließlich kein Einzelkind. Meistens gebe ich zur Antwort, dass ich einen jüngeren Bruder habe, er aber im Alter von 26 Jahren verstorben sei. Das reicht leider nicht, denn fast immer haken die Gesprächspartner nach. ›Woran?‹, wollen sie wissen. ›Suizid‹, sage ich jeweils schnell, um weiteren Fragen vorzubeugen. In der Regel lassen die Leute auch dann nicht locker, im Gegenteil. Sie interessieren sich für die Gründe und fragen, ob wir denn nichts bemerkt hätten. Dabei ertappe ich mich häufig, wie ich mich in Erklärungsversuchen verstricke – obwohl es doch bei einer Selbsttötung nie eine vernünftige Begründung gibt. Krebs, Unfall, Infarkt: Das sind klare Antworten auf eine Todesursache. Diese fehlen bei einem Suizid, und sie stehen auch in keinem Abschiedsbrief.

Unser Leben gleicht einem mit Wasser gefüllten Fass. Ein gesunder Mensch schafft es, dieses Gefäß regelmäßig zu entleeren, sei es beispielsweise durch Sport oder den Austausch mit Freunden. Doch suizidgefährdeten Menschen fehlt ein solches Ventil, und deshalb läuft irgendwann das Wasser über. So erkläre ich mir jedenfalls, wie es dazu kam, dass mein Bruder auf einmal nicht mehr leben wollte.

Es war ein bitterkalter Wintertag im Jahr 2009. Ich führte eine schwierige Einvernahme durch, als mein Vorgesetzter mich unterbrach und bat, noch zu ihm zu kommen. Kurz vor Feierabend betrat ich schließlich sein Büro. Er sagte es mir behutsam, jedoch ohne Umschweife: Mein Bruder habe sich umgebracht.

Mein Leben fiel mit dieser Nachricht innert Sekunden in sich zusammen. Ich ging zurück an meinen Arbeitsplatz und weinte heftig. Als Polizistin bin ich immer wieder mit toten Menschen konfrontiert worden, besonders in den ersten Berufs-jahren, als ich oft im Außeneinsatz stand. Ich musste zum Bei-spiel mehrere Male nach einem Eisenbahnsuizid Leichenteile einsammeln. Jeder einzelne Todesfall ging mir zwar nahe, aber mich verband keine persönliche Beziehung zu den verstorbenen Menschen. Wenn sich aber auf einmal der eigene Bruder das Leben nimmt, dann trifft es einen im Innersten.

In Begleitung meines Vorgesetzten musste ich in der Ein-satzzentrale 117 die Stimme meines Bruders identifizieren. Un-mittelbar vor seinem Tod hatte er den Polizeinotruf angerufen und dort darum gebeten, es möge eine Ambulanz an seinen Wohnort kommen, sein Wohnungsschlüssel sei im Briefkasten deponiert, man brauche sich jedoch nicht zu beeilen. Er sprach ruhig und bestimmt. Mein Bruder hatte alles vorbereitet, sein gesamtes Hab und Gut in Umzugskisten gepackt, die Wohnung geputzt, den Kühlschrank abgetaut und sogar noch Abonne-mente und Versicherungen vorgängig gekündigt.

Ich schaffte es nicht, meinem Vater und meiner Mutter diese schreckliche Botschaft zu überbringen, ich wäre mir wie ein Todesengel vorgekommen. Also nahm ich das Angebot meines Vorgesetzten dankbar an, doch eine Polizeipatrouille vorbeizuschicken, um ihnen die Nachricht seines Suizids zu überbringen. Möge doch die Zeit einfach stillstehen, wünschte ich mir und betete in diesem Augenblick, meine Eltern müssten nie davon erfahren. Ich fühlte mich im Stich gelassen. Mein Bruder, mein einziges Geschwister, lässt mich hier mit ihnen und diesem Schock alleine zurück. Später durchsuchten wir seine Wohnung nach Hinweisen, Fotos und Andenken. So eigenartig das klingen mag, aber ich zog dazu Einweghandschuhe an wie bei einer polizeilichen Hausdurchsuchung. Ich hatte irgendwie das Gefühl, mich schützen zu müssen. Wir fanden verschiedene Abschiedsbriefe, in denen stand, mein Bruder habe seinen Suizid seit Jahren geplant. Er hätte schon als Teenager gewusst, dass er keine 30 Jahre alt würde. Ich bin ihm dankbar, dass er uns diese Abschiedszeilen hinterlassen hatte. Das zeigt mir schwarz auf weiß: Er hat sich diesen Schritt reiflich überlegt. Trotzdem empfand ich seine Entscheidung als unfair, er hatte sein Vorhaben komplett verschwiegen und stellte uns vor vollendete Tatsachen. Wütend war ich aber nie auf ihn und bin es bis heute nicht. Ich empfand eher Mitleid mit ihm. Er musste wohl jahrelang mit sich gerungen haben, ohne je darüber zu sprechen.«

Es erstaune sie immer wieder, wie viel sie ertrage, sagt Michaela Walser. Die Fachsprache nennt das »Resilienz«. Als Kriminalpolizistin brauche sie ohnehin ein dickes Fell, streicht sie heraus. Man müsse sich in Menschen einfühlen und gleichzeitig von ihren Erlebnissen abgrenzen können.

»In den Tagen nach seinem Tod funktionierte ich einfach. Ich befand mich in einem Schockzustand und hoffte darauf, jeden Moment aufzuwachen. Noch heute, vier Jahre später, denke ich ab und zu, wie erleichtert ich doch wäre, hätte ich das alles nur geträumt. Ich würde alles, wirklich alles tun, um ihn wieder ins Leben zu rufen. Direkt nach seinem Suizid wollte ich mein Leben komplett umkrempeln. Die vielen Gefahren bei der Arbeit, das Tragen der Waffe – ich wünschte mir einen Neuanfang. Ich interessierte mich deshalb für ein Praktikum in unserer Personalabteilung, ein Bürojob ohne viel Aufregung, ohne Polizeieinsätze und vor allem ohne Waffentragpflicht. Als ich damals aus heiterem Himmel von seinem Tod erfuhr, lag im Aktenschrank neben mir die Einsatztasche mit Handschellen, Pfefferspray und eben auch die Dienstwaffe. ›Ich möchte niemals wieder mit einem solchen Tötungsinstrument in Berührung kommen‹, ging mir durch den Kopf. Ich hatte die Pistole bis zu diesem Zeitpunkt als eine Art Freund betrachtet, als ein Gegenstand, der mich in der Not beschützt. Auf einmal war sie der Feind, der mir meinen Bruder genommen hatte. Mit der Erlaubnis meines Vorgesetzten durfte ich die Waffe einen Monat lang ablegen, bis ich das obligatorische Schießtraining zu bestehen hatte. Zweimal im Jahr müssen wir dort unsere Punkte schießen. Wie hatte ich mir gewünscht, diesen Tag umgehen zu können! Aber es herrscht für uns Absolvierungspflicht. Hier half mir bloß eines: In meinem Kopf kippte ich den Schalter auf ›Professionalität‹, ich durfte nicht nachdenken und musste das Programm abspulen, ganz sachlich. Der Knall der Salven ließ mich zusammenzucken, doch ich lenkte mich ab, lachte zwischendurch mit Kollegen und tat so, als wäre die ganze Übung für mich kein Problem. Nach diesem Test war ich innerlich total erschöpft, der Tag für mich gelaufen.

Mein Chef zog die Augenbrauen hoch, als ich ihm die Idee mit dem internen Stellenwechsel unterbreitete, und er fragte mich, ob diese allenfalls mit dem Suizid meines Bruders zusammenhänge. Ich bejahte es wohl oder übel. Er wollte mich nicht ziehen lassen und riet, ich solle mir Zeit nehmen. Also ließ ich mir den Abteilungswechsel nochmals durch den Kopf gehen. Schließlich blieb ich Kriminalpolizistin. Heute bin ich froh darüber, denn meine Arbeit bedeutet mir viel. Und die Waffe trage ich wieder – auch wenn ich es nicht wirklich mag.

Alles in allem bin ich aber ängstlicher geworden. Beim Schlitteln trage ich immer einen Helm und bei Hausdurchsuchungen eine kugelsichere Weste. Zudem kam in den ersten Wochen nach seinem Tod in mir die Frage hoch, ob auch ich fähig wäre, einen solch finalen Schritt zu gehen. Ticke ich gleich wie mein Bruder? Der Tod war sein ›Plan B‹, wie er in seinem Abschiedsbrief ausführte. Mein Bruder und ich waren uns in vielem extrem ähnlich, wurden gleich erzogen, teilten dieselben Erlebnisse. Ich war doch er! Aber inzwischen weiß ich, wir sind zwei eigenständige Persönlichkeiten, auch wenn wir Geschwister sind. Niemals würde ich mir das Leben nehmen wollen, denn es gibt für mich immer eine andere Lösung als den Tod.

Sein Suizid hinterließ auch Spuren in meiner Gesundheit. So diagnostizierten Ärzte bei mir kurze Zeit nach seinem Tod eine seltene Hauterkrankung. Die Haut, ein Spiegel der Seele: An verschiedenen Stellen meines Körpers bildeten sich Bläschen, die erst durch eine Cortisontherapie verschwanden.

Nun bin ich das einzige noch lebende Kind meiner Eltern. Jetzt trage ich meinen Bruder in mir, ich ersetze ihn, so denke ich manchmal. Wenn mir was zustoßen würde, hätten sie wenig Grund weiterzuleben, das haben sie mir auch schon gesagt. Und: Ich gäbe ihnen den nötigen Sinn. Auch deshalb bin ich vorsichtiger und ängstlicher geworden, ich möchte verhindern, dass mir etwas zustößt und sie auch mich noch verlieren.

Kurz bevor mein Bruder starb, hatte ich einen Mann kennengelernt. Eine Partnerschaft mit ihm reizte mich kaum, zu ähnlich war er meinem Bruder in seinem Verhalten. Dann geschah dieser Suizid. Augenblicklich wurde dieser Mann enorm wichtig für mich. Er war sofort zur Stelle, der perfekte Ersatz, und ich ließ mich auf ihn ein. Über den Tod sprachen wir nie, dennoch half mir seine Gegenwart sehr. Er gab mir enorm Kraft; interessanterweise nicht nur mir, sondern auch meinen Eltern. Wir besuchten sie oft gemeinsam, er nahm an Geburtstagsfeiern und Abendessen teil und füllte die Lücke aus, die mein Bruder hinterlassen hat. Umso schlimmer war es für sie, als wir nach einem Jahr unsere Beziehung beendeten. Für sie bedeutete unsere Trennung einen weiteren Verlust. Seither ist ein Stuhl am Esstisch wieder unbesetzt. Wir haben uns daran gewöhnt und lachen nun wieder, selbst wenn es ruhiger geworden ist. Auch an Weihnachten verbringen wir zu dritt sehr schöne Stunden, wir essen gemeinsam, schauen einen Film oder vertreiben uns die Zeit mit Gesellschaftsspielen. Es bringt nichts, wenn wir weinen, dadurch kommt er nicht wieder zurück.

In seinem Abschiedsbrief bat mein Bruder uns, nicht traurig zu sein; er möchte nicht, dass es uns wegen ihm schlecht gehe. Eigentlich hatte er recht: Auch wenn sein Verlust nach wie vor unglaublich schmerzt, wir wollen nicht zeitlebens in Trauer versinken. Es passt auch nicht zu uns, denn wir waren seit je eine sehr fröhliche, unternehmungslustige Familie. Besonders unsere Mutter ist eine warmherzige, fürsorgliche Person, die sich liebevoll und voller Hingabe um uns Kinder kümmerte. Unseren Vater, er war Notar, erlebten wir als humorvoll und hilfsbereit, teilweise aber auch als streng und bestimmt. Die Großeltern lebten in der unmittelbaren Nachbarschaft, zu ihnen pflegten wir eine innige Beziehung, sie schenkten uns viel Zuwendung und Liebe. Mit seinem schwarzen Haar und den leuchtend grünen Augen war mein Bruder für Oma und Opa sowie für seine Kindergärtnerinnen und Lehrerinnen der erklärte Liebling. Der kleine Charmeur war ein sehr fröhlicher Junge, spielte häufig den Clown und gewann die Herzen der Leute im Nu. Er strahlte eine tiefe innere Zufriedenheit aus und beschwerte sich bereits als Bub nie über irgendwas. Während wir in unserer Kindheit sehr eng miteinander verbunden waren, entwickelten wir uns in der Pubertät in komplett andere Richtungen. Mich nahm man als fleißiges, zielstrebiges Mädchen wahr, ich lernte viel, räumte stets mein Zimmer auf und wusste, was ich wollte: Die kaufmännische Lehre mit Berufsmaturität absolvieren. Mein Bruder wirkte zunehmend passiv, war unschlüssig, welchen beruflichen Weg er einschlagen wollte, und begann, sein Leben zu hinterfragen. Meine Eltern versuchten immer wieder, ihm Freude an der Schule zu vermitteln – vergeblich. Schließlich entschied er sich für eine Lehre als Zimmermann. Sein Chef lobte die Qualität seines Handwerks, doch verlangte häufig, er solle an Tempo zulegen. Mein Bruder war eher der passive, ja fast schon lethargische Typ. Der Druck auf den Baustellen überforderte ihn, er trug nicht gerne Verantwortung und wäre vermutlich am liebs-ten immer in der Position eines Lehrlings geblieben. Nach der Ausbildung absolvierte er die Rekrutenschule, später arbeitete er wieder auf seinem Beruf. In dieser Zeit folgte auch die Schulung zum Hauptfeldweibel. Der wiederkehrende Militärdienst sowie der Suizid eines Kameraden belasteten ihn sehr. Mir fiel auf, dass er sich von seinem Umfeld zurückzog und häufig nachdenklich wirkte. Er trank vermehrt Alkohol und begann zu kiffen, um abschalten zu können, wie er mir erklärte.

Unser Verhältnis besserte sich, als ich mit 20 Jahren aus dem Elternhaus auszog. Kurz davor reiste ich für einige Monate alleine durch Australien. Aus der Distanz spürte ich, wie sehr ich ihn als Bruder vermisste und mir wünschte, wieder mehr mit ihm zu unternehmen. Nach meiner Rückkehr half er mir beim Umzug. In den darauffolgenden Jahren bis zu seinem Tod wuchsen wir wieder enger zusammen. Zwar kamen die Vorschläge für gemeinsame Ausflüge meistens von mir, doch er war immer dabei, wenn ich ihn zum Klettern, Wandern oder Inline-Skaten motivierte. Manchmal bereue ich heute, dass ich ihm selten offen gesagt habe, wie wichtig er mir ist, dass ich ihn nie richtig umarmt habe. Ich hätte ihm meine Gefühle stärker zeigen sollen. Zudem bin ich ein Typ Mensch, der alles ins Positive drehen möchte. Sehe ich ein Problem, will ich es sofort lösen. Deshalb gab ich meinem Bruder öfters Ratschläge. Zum Beispiel schleppte ich ihn zum Shopping, schlug ihm vor, er solle seine Haare auf eine bestimmte Weise tragen. Im Nachhinein hätte ich wohl besser daran getan, ihn einfach zu akzeptieren und zu sagen: ›Du bist gut, so wie du bist.‹

Ich wünschte, ich könnte ihm die Lücke aufzeigen, die er hinterlassen hat. Allerdings bezweifle ich, dass meine Worte damals etwas bewirkt hätten. Er schätzte sich selbst kaum. Ihm war offenbar nicht bewusst, wie wichtig er für uns war. Aber wenn er sehen könnte, wie sehr er meinen Eltern und mir fehlt, dann würde er es glauben – und ließe hoffentlich von seinem Plan ab.

Mit meiner Mutter und meinem Vater verbindet mich ein enges Verhältnis, das hat sich zum Glück seit seinem Tod nicht verändert, im Gegenteil, wir sind noch enger zusammengewachsen. Ich kenne Familien, die sich nach einem Suizid komplett auseinandergelebt haben. Über meinen Bruder sprechen wir in der Familie nur noch selten. Wir rufen einander an seinem Geburtstag und Todestag nicht bewusst an, auch wenn bestimmt jeder daran denkt. Wir wollen einander nicht belasten, denn unterschwellig spielt immer die Angst mit, man ziehe sich gegenseitig runter. Ich merke doch, was passiert, wenn ich meine Eltern darauf anspreche. Meiner Mutter stockt der Atem, ich sehe in ihren Augen, wie sie der Schmerz packt. Sie ist grundsätzlich ein sehr positiver Mensch und sagte von Anfang an: ›Das Leben geht weiter.‹ Ich nehme Rücksicht darauf und spreche seinen Tod nicht mehr an. Das ist auch bei meinem Vater so. Ich glaube, es würde sie beide innerlich aufwühlen. Ich will sie nicht hineinziehen in den Sumpf aus Erinnerungen, Emotionen und Selbstzweifeln und möchte keine Wunden aufreißen. Stattdessen bemühe ich mich sehr, meine Eltern glücklich zu machen, wie an Festtagen zum Beispiel. Seit mein Bruder tot ist, mache ich ihnen größere Geschenke. Ich will ihnen zeigen, dass sie tolle Eltern waren und immer noch sind und sie sich nicht die geringsten Vorwürfe zu machen brauchen.

Heute glaube ich die Gründe zu kennen, warum für meinen Bruder der Suizid als einzige Lösung erschien. Er war krank – in seiner Seele. Als Polizistin bin ich sehr oft mit psychisch angeschlagenen Menschen konfrontiert. Doch im eigenen Umfeld, bei einem so nahestehenden Menschen, scheint man blind zu sein. Seine Lethargie, sein leicht verwahrlostes Leben, die täglichen Joints.

Er war depressiv. Ganz sicher bin ich mir nicht, es ist einfach meine Erklärung. Je mehr Zeit vergeht, desto mehr habe ich das Gefühl durchzublicken. Am Anfang hat mich ein Berg voller Fragen erdrückt. In meinem Kopf ratterte es Tag und Nacht. Nach seinem Tod war ich sehr aktiv, lenkte mich, wenn immer möglich, ab. In meinem Innern aber brodelte es. Ich dachte über sein Leben nach, unsere Vergangenheit, die letzten Treffen, das Telefongespräch, bei dem ich nicht ahnte, dass es das letzte sein würde. Es ist zum Glück tatsächlich so, dass die Zeit Wunden heilt. Man spricht vom Jahr der Trauer, das kann ich heute bestätigen, obwohl ich bereits nach einigen Wochen geglaubt habe, ich könne wieder frei atmen. Doch dieser Schock krallt sich in deinem Körper fest. Es braucht eine lange Weile, bis er sich wieder löst. Und letztlich bleibt die Narbe. Unser Leben ist nicht mehr dasselbe. Mittlerweile habe ich seinen plötzlichen Tod so gut es geht verarbeitet. Ein Jahr lang besuchte ich eine Selbsthilfegruppe für Hinterbliebene nach Suizid, das half mir. Auch meine Freunde kümmerten sich sehr fürsorglich um mich und zeigten großes Verständnis. Sein Tod hat vor allem in dieser Hinsicht etwas Positives bewirkt: Er führte immerhin dazu, dass meine Bekannten vermehrt ihre eigene Familiensituation analysiert haben. Ich forderte sie stets auf, vor allem ihren Geschwis-tern mitzuteilen, wie wichtig sie ihnen sind.«

Michaela Walser lebt alleine in einer renovierten Altbauwohnung. Moderne Möbel, der Ordnungssinn als Teenager ist ihr geblieben. Bilder, von denen sie und ihr Bruder lachend aus den Rahmen winken, fehlen. Er sei Teil ihrer Vergangenheit, das habe sie akzeptiert, sie wolle aber vermehrt in der Gegenwart leben, und nicht ständig mit dem Verlust konfrontiert werden.

»In meiner Wohnung bewahre ich fast nichts mehr von ihm auf. Auf dem Dachboden in einer Schachtel aus Stoff liegen viele Erinnerungsstücke an ihn, Fotos etwa oder Geschenke von ihm. Außerdem auch ein sechzigseitiges Heft: Darin habe ich unsere Beziehung bis zu seinem Tod mit 26 Jahren festgehalten. Bei diesem schriftlichen Verarbeitungsprozess half mir das Vorgehen der polizeilichen Einvernahmen, denn Protokolle zu verfassen gehört zu meinem beruflichen Alltag.

Mit seiner Urne sind wir damals ans Mittelmeer gereist. Einige Tage vor seinem Tod hat er einer Freundin beiläufig gesagt, dass seine Asche, sollte er sterben, ins Meer gestreut werden solle. Er erwähnte ihr gegenüber diejenige Insel, auf der wir als Kinder jeden Sommer unbeschwerte Ferien mit unseren Eltern verbracht hatten. Dort wirkte er immer so glücklich, war frei von Verpflichtungen, konnte einfach leben und genießen. Nun schwebt er dort unten im offenen Meer, in Freiheit, ganz ohne Halt, und ich frage mich: Ist das wirklich das Richtige für ihn? Doch ich bin froh, haben wir ihm seinen letzten Wunsch erfüllt.

Ich selbst brauche keinen bestimmten Ort, um zu trauern. Die Gefühle überkommen einen sowieso immer wieder, meist dann, wenn man sie nicht erwartet. Zum Beispiel, wenn jemand unbedacht im Alltag sagt: ›Da kannst du dir ja gleich die Kugel geben.‹ Dann bin ich für Sekunden wie versteinert. Es kommen Bilder hoch, die ich selbst zwar nie erlebt, mir aber trotzdem ausgemalt habe. Doch ich will mein weiteres Leben in vollen Zügen genießen. Gleich nach seinem Tod wurden alle Probleme des Alltags nichtig. Am Tag danach stand meine Nachbarin in der Waschküche und meckerte laut. Für sie war es ein ganz normaler Tag mit ganz normalen Sorgen: Jemand habe die Maschine nicht richtig gesäubert. Ich hörte ihr zu, die Ruhe selbst. Ihr Auftritt war mir so gleichgültig. Diese übermäßige Gelassenheit hat sich zwischenzeitlich wieder normalisiert. Wenn ich mich aber dabei ertappe, dass ich mich über Nichtigkeiten aufrege, dann sage ich mir rasch, das ist doch völlig unwichtig! Denn ich weiß: Etwas vom Schlimmsten, das in meinem Leben hätte passieren können, ist bereits eingetroffen. Ich habe es überstanden, ja vielleicht hat es mich sogar stärker und feinfühliger gemacht. Sein Tod erscheint mir nach wie vor vollkommen sinnlos, doch ich habe gelernt, mit diesem Verlust zu leben. Ich schaue nach vorne.«

»Hinterher ertrage ich es manchmal fast nicht, dass ich so naiv war und annahm, dass er einen Weg aus seiner Krise finden würde. Ich hätte nicht gedacht, dass er so weit gehen würde.«

Silvia Widmer, 41, Ärztin

Beginnt jeweils ein neues Jahr, durchlebt Silvia Widmer aufwühlende Tage. Das Gefühl der Trauer vermischt sich mit viel Lebensglück. Am Neujahrstag 2006 hat sich ihr Bruder umgebracht; zwei Jahre später kam ihr erster Sohn an Silvester zur Welt. »Eigentlich die volle Überforderung«, sagt sie. »Und irgendwie einfach das Leben.«

Von ihrer ursprünglichen Familie ist ihr noch die Mutter geblieben. Der Bruder nahm sich vier Jahre nach dem Krebstod des Vaters das Leben. Doch Silvia Widmers Welt dreht weiter, nicht zuletzt seit der Geburt ihrer zwei Söhne. »Sie verunmöglichen es einem, ständig an den Tod zu denken«, sagt sie. Der Zeitplan der Ärztin ist gedrängt, ein freier Nachmittag rar. Ihr Lebenspartner und sie leben mit den gemeinsamen Kindern, beide im Vorschulalter, in einer Wohnbaugenossenschaft in einer mittelgroßen Schweizer Stadt. Im Innenhof der Siedlung stehen eine Jurte, die als Sauna dient, daneben einsame Kinderfahrräder und bunte Plastikstühle. Die Bewohner sind hier nicht bloß Nachbarn, sondern auch Freunde. Die Altbauwohnungen verwinkeln sich ineinander, Kinderzeichnungen hängen neben Hausinterna, und hinter jeder Tür versteckt sich ein kleines, farbenfrohes Lebensreich.

Der Partner von Silvia Widmer tischt den Söhnen das Mittagessen auf, während sie die Wanderschuhe schnürt. Auf einem Spaziergang schildert sie das erste Mal ihre Erinnerungen für dieses Kapitel. Die Frühlingssonne schwächelt, es tropft von den Bäumen, und der Fluss schiebt sich als braune Masse durch die Ebene. Leicht ist es nicht, in den ernsten Gesichtszügen von Silvia Widmer zu lesen. Sie nimmt sich Zeit, nach treffenden Worten für ihre Erinnerungen zu suchen, erzählt ruhig und stets überlegt. Die Zwischentöne ihrer Sätze aber – die leise Art, wie sie etwa den banalen Satz »es war eine schlimme Zeit« wiederholt – und die schweigenden Pausen dazwischen, verraten, wie laut der plötzliche Tod des Bruders bis in ihren heutigen Alltag nachhallt. Nach dem Suizid ihres um vier Jahre jüngeren Bruders musste sie zuerst wieder Vertrauen in sich gewinnen. Denn wem noch glauben, wenn einen doch das eigene Urteil täuschte?

»Geschwister sind immer da. Das ist eine Selbstverständlichkeit, das glaubt man zumindest. Als mein Vater 2002 an Bauchspeicheldrüsenkrebs starb, war ich sehr traurig; doch sein Tod hielt die natürliche Reihenfolge ein. Als sich hingegen mein Bruder vier Jahre später das Leben nahm, zog mir dieses Erlebnis den Boden unter den Füßen weg. Meine Gefühle bei beiden Todesfällen unterscheiden sich komplett, denn bei Thomas habe ich nicht nur getrauert. Sein plötzlicher Tod erschütterte mein Selbstvertrauen: Nach seinem Suizid zog ich alles, woran ich bis zu diesem Zeitpunkt geglaubt hatte, in Zweifel. Ich traute meinen Einschätzungen nicht mehr, weil ich seinen Zustand vor seinem Tod falsch beurteilt hatte. Das führte in mir zu einer tiefen Verunsicherung. Sein Tod hat mir zudem die Rollenverteilung unter Geschwistern bewusst gemacht; wie schwierig es doch für die Jüngeren sein muss, sich zu positionieren. Ich, die vier Jahre ältere Schwester, hatte bei seiner Geburt eine bestimmte Rolle bereits inne. Vielleicht sind die Muster bei einer Zweierkonstellation noch ausgeprägter und auf ein Entweder-oder reduzierbar: Das eine Geschwister lehnt sich gegen alles auf, das andere sucht die Harmonie. Auch Thomas und ich unterschieden uns sehr. Ich war eine, die die Auseinandersetzung mit der Familie stets suchte, insbesondere mit meinem Vater. Als Kind besuchte ich häufig meine Patentante, die mich mit ihrer links orientierten und alternativen Lebenseinstellung bis heute geprägt hat. Unser Vater hingegen lebte in meinen Augen nach konservativen und patriarchalischen Wertvorstellungen. Im Gegensatz zu mir vergötterte Thomas ihn von klein auf. Auch sonst waren die Unterschiede zwischen mir und meinem Bruder offensichtlich. So engagierte ich mich als junge Erwachsene politisch links und lebte in besetzten Häusern. Er hingegen trat als 18-Jähriger ins Militär ein. Das führte zu absurden Konstellationen: Einmal demonstrierte ich gegen den G20-Gipfel und er leistete am gleichen Tag am gleichen Ort Dienst. Streitgespräche führten wir aber kaum, vielleicht auch aus Angst davor, die unterschiedlichen Ansichten könnten unsere Beziehung beeinträchtigen. Doch je älter ich wurde, umso wichtiger wurde mir das Verhältnis zu meinem Bruder. Während uns als Kinder und Jugendliche wenig Gemeinsamkeiten und Berührungspunkte verbanden, kamen wir uns als Erwachsene näher. Wir schafften es, einander in unserem Anderssein leben zu lassen. Selbst wenn wir nicht die gleiche Welt teilten, war das gut so, denn macht nicht schließlich genau das auch eine Familie aus? Man hängt an einem Menschen, obwohl man keine gemeinsamen Interessen besitzt. Als ich 18 Jahre alt war, trennten sich unsere Eltern. Ihre Ehe kriselte bereits seit vielen Jahren, und meine Mutter involvierte mich stark in ihre Beziehungsprobleme, so erstaunt es mich heute wenig, dass ich meinem Vater lange Zeit ablehnend gegenüberstand. Erst Mitte 20 realisierte ich, wie wenig es bringt, auf eine Entschuldigung von ihm zu warten. Dabei spielte auch sein Herzinfarkt eine wichtige Rolle, ich war damals 21-jährig. Zu diesem Zeitpunkt wurde mir bewusst, dass auch ein Vater nicht ewig leben wird, und ich versuchte mich mit ihm zu versöhnen. Thomas hingegen hatte zunehmend Mühe mit ihm. Zum Beispiel reisten wir kurz vor Vaters Tod zu dritt nach Frankreich. Der Krebs war bereits weit fortgeschritten, und uns war allen bewusst, dass er bald sterben würde. Unser Vater beschwerte sich über alles, obwohl mein Bruder und ich ein sorgfältig zusammen-

gestelltes Programm boten. Es gelang mir, mich von seiner Me-
ckerei abzugrenzen, doch ich bemerkte, wie sehr Thomas selbst
als Erwachsener immer noch auf Vaters Anerkennung wartete
und seine Unzufriedenheit persönlich nahm. Umgekehrt vertiefte die Krankheit meines Vaters die Beziehung zwischen Thomas und mir, besonders als er starb, fanden wir zueinander. Es tat
unglaublich gut, während dieser Zeit einen Bruder an meiner
Seite zu wissen. Obwohl mein Vater schwer krank war, hinterließ er kein Testament, und das führte zu familiären Spannungen:
Unser Onkel – er war gleichzeitig auch Pate meines Bruders –,
kappte nach dem Tod unseres Vaters die Beziehung zu meinem
Bruder von einem Tag auf den anderen. Der Mann war eine der
wichtigsten männlichen Bezugspersonen für ihn gewesen, und
dieser unerwartete Bruch traf ihn tief. Erst Jahre später, nach
dem Suizid von Thomas, erfuhr ich vom Partner unseres Onkels,
dass dieser offenbar verletzt gewesen war, dass wir die Asche unseres Vaters ohne sein Beisein verteilt hatten. Dass nahestehende
Menschen sich von ihm ohne für ihn nachvollziehbare Ursache
abwendeten, setzte meinem Bruder immer wieder zu. Auch seine
Ehefrau trennte sich später von ihm ohne für ihn ersichtliche
Begründung.

Als ältere Schwester habe ich mich immer verantwortlich für
meinen jüngeren Bruder gefühlt. Dieses Pflichtbewusstsein
prägte mich 30 Jahre lang. Wenn wir Kinder beispielsweise alleine zu Hause waren, übernachteten wir jeweils im gleichen
Zimmer. Mein Bruder schlief immer rasch ein, mich dagegen
hielt das Gefühl wach, auf ihn achtgeben zu müssen. Nicht dass
es Anlass zur Sorge gegeben hätte, aber dieser Instinkt entsteht
wohl allein aus dem Gedanken, dass hier noch ein jüngeres Familienmitglied neben einem liegt. Diese innere, fürsorgliche
Stimme sprach in mir implizit bis zu seinem Tod. Umso stärker
zeigen sich heute meine Selbstvorwürfe, ich seziere die Vergangenheit regelrecht. Letztlich sind es kleine Vorfälle, aber sie

belasten mich. 2005, im Jahr vor seinem Tod, absorbierte mich mein Staatsexamen in Medizin. Bereits im Sommer bemerkten meine Mutter und ich, dass es meinem Bruder nicht gut ging, er trank viel und fühlte sich ausgebrannt. Beruflich war er seit Monaten stark eingespannt, seine Arbeit als Informatiker mit eigener Firma forderte ihn, zusätzlich beschäftigte ihn ein großes Bauprojekt, in das er mit seiner Frau involviert war. Im Verlauf des Herbstes begann ihre Ehe zu kriseln, sie hatte sich auf eine Beziehung mit einem anderen Mann eingelassen. Am Telefon erzählte Thomas mir von seinen Schwierigkeiten, bat mich um Rat und Hilfe. Getroffen habe ich ihn in dieser Zeit kaum, weil er dies nicht zuließ. Es schien, als ob er eine gewisse räumliche Distanz zu mir aufrechterhalten und sich vor der großen Schwester nicht allzu klein machen wollte. Vielleicht aber wagte ich es auch einfach nicht, mich über seine scheinbar gesetzten Grenzen hinwegzusetzen, und so respektierte ich unsere ›Gepflogenheit‹: Wir telefonierten, statt uns persönlich zu treffen. Meine Mutter verhielt sich anders, sie ignorierte, wenn er sie abwimmelte, und besuchte ihn trotzdem. Im Nachhinein denke ich oft, hätte ich doch einfach meinen Sorgen entsprechend gehandelt und wäre zu ihm gegangen. Hinterher ertrage ich es manchmal fast nicht, dass ich so naiv war und annahm, dass er einen Weg aus seiner Krise finden würde. Ich hätte nicht gedacht, dass er so weit gehen würde, eine solche Tat hätte ich ihm nicht zugetraut. Für mich betrachtete ich selbst in den schwierigen Phasen meines Lebens den Suizid nie als einzuschlagenden Weg. Ihn hingegen lenkte am Ende der Tunnelblick, und so sah er ab einem gewissen Zeitpunkt einfach keine andere Lösung mehr. Warum? Das würde ich ihn fragen wollen. Ich wünschte, ich könnte ihm zeigen, dass es noch andere Auswege gegeben hätte, und nicht nur diesen einen endgültigen Schritt. Die Zeit vor seinem Tod überschnitt sich mit den ersten Wochen nach dem Abschluss meines Staatsexamens. Ich hatte seit Längerem wieder einmal Zeit, um mit meinem

Partner Urlaub zu machen, und so flogen wir auf die Kanarischen Inseln. Diese Ferien waren geprägt von der Sorge um meinen Bruder, von Telefonaten zwischen uns sowie der Frage, ob wir nicht besser nach Hause zurückkehren sollten. Thomas entschied sich für einen Alkoholentzug in einer psychiatrischen Klinik, was uns einigermaßen beruhigte. Doch an Weihnachten brach er die Behandlung unerwartet ab. An Silvester baten wir ihn, sich mit uns in den nächsten Tagen in Barcelona zu treffen. Er sagte, er wolle es sich überlegen, ich drängte ihn, die Reise doch zu buchen, und er versprach mir, sich am nächsten Tag zu melden. Zu diesem Zeitpunkt hatte mein Bruder die Abschiedsbriefe bereits verfasst gehabt. Mein Vater war ein Waffennarr, als Kind war mir dies sehr unangenehm, und ich schämte mich oft dafür. Bevor er starb, bat er uns, seine geliebte Sammlung nicht wegzugeben. Wir respektierten diesen Wunsch, mein Bruder nahm die Waffen zu sich und bewahrte sie in seinem Keller auf. Nie hätten meine Mutter und ich gedacht, dass ihm Vaters Jagdgewehre irgendwann zum Verhängnis würden. Zusätzlich besaß Thomas als Offizier auch eine eigene Pistole.

Es war gegen Abend des Neujahrtages, wir hatten von den Kanaren aus schon mehrmals versucht, meinen Bruder zu erreichen, als meine Mutter mich anrief, etwas sei im Haus meines Bruders und seiner Frau geschehen, sie wusste aber nichts Genaues. Daraufhin rief irgendwann mein Onkel an und sagte, Thomas habe sich das Leben genommen.

Die Vorstellung, auf der Insel auszuharren, schien mir unerträglich, deshalb wollte ich nur noch eines: So schnell wie möglich heim zu meiner Mutter. Doch es sah zu Beginn so aus, als ob die nächsten zwei Tage kein Flugzeug in die Schweiz flog. Glücklicherweise bot sich schließlich eine Rückflugmöglichkeit, wenn auch über Umwege, sodass mein Partner und ich die ganze Nacht nach Hause reisten. Er war mir eine riesige Stütze, ich weiß nicht, was ich ohne ihn gemacht hätte. Von irgendeinem Flughafen aus rief ich meine beste Freundin an. Zurück in der Schweiz, gingen wir direkt zu meiner Mutter und ihrem Freund, wo wir die nächsten zwei Wochen blieben. Ich sah außer meinen Nächsten kaum Menschen. Stattdessen haben meine Mutter und ich 14 Tage lang nur geredet, ich konnte zu ihr eine Nähe zulassen wie nie zuvor. Um meine Mutter zu schützen, übernahm ich sozusagen die Rolle des Familienoberhauptes. Also war ich auch diejenige, die meinen Bruder identifizierte. Ich argumentierte ihr und auch mir gegenüber medizinisch und nahm diesen Schritt auf mich.

Stirbt jemand Nahestehendes unerwartet, stößt man auf Dinge, die man vielleicht ohne dieses tragische Ereignis nie mitbekommen hätte. Die Angehörigen sind auf einmal dafür verantwortlich, ein Leben mit all seinen Facetten aufzuräumen. Kurz vor seinem Tod hatte sich seine Ehefrau von meinem Bruder getrennt, sodass meine Mutter und ich zuständig waren, bei ihm Ordnung zu machen und sein materielles Leben aufzulösen. Das wirft zusätzliche Fragen über das Leben des Verstorbenen auf, die niemand mehr beantworten kann, wie etwa, kannte man den Menschen wirklich? Ich wurde quasi zu seiner Nachlassverwalterin, denn auch Thomas hatte wie mein Vater kein Testament hinterlassen. Dass ich ein paar Jahre zuvor bereits den Haushalt meines Vaters auflösen musste, verstärkte in mir das Gefühl, eine große Last aufgebürdet bekommen zu haben. Den Keller, in dem der Suizid geschah, reinigte zum Glück die Bestatterin, der Onkel holte die Waffensammlung ab. Als ich zusammen mit meinem Partner die Sachen meines Bruders räumte, stieß ich immer wieder an meine Grenzen. Trotzdem erschien es für mich logisch, dass ich all diese Aufgaben übernahm und meine Mutter mehr schonte als mich selbst. Ohne werten zu wollen, glaube ich: Für die Mutter ist ein Suizid des eigenen Kindes am schlimmsten. Die bedingungslose Mutterliebe hat nicht gereicht, um das eigene Kind am Leben zu erhalten. Die Schuldfrage stellt sich deshalb bestimmt intensiver als bei anderen Angehörigen.

In der ersten Zeit hatte ich Mühe, Außenstehenden von seinem Tod zu erzählen. Es fühlte sich an, als trete ich aus einem Schutzraum hinaus, als verletze ich die Intimität des Verstorbenen. Dabei verspürte ich sehr das Bedürfnis, darüber zu sprechen. Doch das ist bei einem solchen Todesfall alles andere als einfach, ein Suizid macht deshalb auch sehr einsam. Viele meiner Freundinnen und Freunde suchten das Gespräch, stellten Fragen, das half mir. Menschen hingegen, die mich nicht gut kannten und denen ich vom Suizid meines Bruders erzählte, was ich in seltenen Momenten zum Beispiel bei Arbeitskolleginnen tat, reagierten meistens überfordert und hilflos; sie getrauten sich nicht, weitere Fragen zu stellen. Dabei wäre ich oft dankbar gewesen, hätte man nachgefragt, da mich das Ganze über viele Monate sehr stark beschäftigte. Bis heute empfinde ich es als sehr außergewöhnlich, wenn mich jemand darauf anspricht, ob ich Geschwister hätte.

Es ist anders, wenn ich bestimme, ob ich es erzähle oder wenn ich darauf angesprochen werde. Kürzlich besuchte mich meine Nachbarin, wir sind durch die Kinder miteinander verbunden. Ich erzählte immer wieder mal von meinem Bruder, ohne zu erwähnen, dass er sich das Leben genommen hat. Wir saßen am Esstisch, und ich erzählte, das Möbelstück sei ein Erbstück meines Bruders. Sie wollte mehr über Thomas wissen. Das wirkte wie ein Adrenalinstoß, ich hätte auf der Stelle losheulen können, völlig aus dem Nichts.

Bei Gesprächen über Suizid folgt manchmal die Frage nach dem Warum. Das ist mir grundsätzlich viel lieber, als wenn die Leute einfach schweigen. Unvergessen bleibt auch ein Treffen mit einer ehemaligen Studienkollegin einige Monate nach seinem Tod. Ich hatte ihr damals eine Todesanzeige geschickt. Wir hatten uns längere Zeit nicht mehr gesehen, sie erzählte viel von sich. Irgendwann erwähnte ich den Tod meines Bruders. ›Stimmt‹, sagte sie. ›Das habe ich völlig vergessen.‹ Der Satz war für mich wie ein Schlag ins Gesicht, ein kompletter Affront. Der

Gedanke an seinen Tod nahm mich Tag und Nach ein, und dann folgt so eine Aussage, die zeigte, Monate nach Thomas' Suizid war für die meisten der Alltag längst eingetreten. Ich kann meinen Freundinnen und Freunden nichts vorwerfen, grundsätzlich unterstützten sie mich sehr. Dennoch gab es Enttäuschungen, und ich stelle fest, dass ich sie heute auch danach beurteile, wie sie sich nach Thomas' Tod verhielten. Gerade in der Anfangsphase fühlte ich mich sehr bedürftig und wünschte mir wohl in einem verstärkten Ausmaß Zuneigung und Aufmerksamkeit. In solchen Momenten fehlt einem die Energie, dies auch zu kommunizieren und darum zu bitten. Umso wichtiger waren für mich die Therapiestunden bei einer älteren Psychologin in den ersten zwei Jahren nach seinem Suizid. Dort gab es auch Monate nach seiner Selbsttötung genügend Raum und Zeit für meine Sorgen. Auch suchte ich nach Literatur über Suizid. Das Einzige, was ich ertrug, waren Bücher von Betroffenen.

Dennoch, niemand konnte mir die Last meines Verlustes abnehmen, im Gegenteil. Der Suizid meines Bruders verunsicherte mich zutiefst, dies zeigte sich vor allem bei meiner Arbeit, dort verlor ich eine Zeit lang jegliches Selbstvertrauen, obwohl ich ja 100 Prozent funktionieren musste. Ein paar Monate nach seiner Beerdigung begann ich meinen ersten Job als Assistenzärztin. Ich war nach wie vor so erschüttert, dass mich die Situation als Berufseinsteigerin vollkommen überforderte. Denn sein Tod wirkte sich auf Banalitäten aus: Ich befand mich zum Beispiel mitten in einer Konsultation, als der Rettungsdienst anrief, um mir mitzuteilen, es werde jemand eingeliefert. ›Es geht um einen Suizid mit Schusswaffe‹, sagte die Sanitäterin. Ich erstarrte, in meinem Kopf lief ein Film ab, und ich wäre am liebsten davongelaufen. Letztlich musste ich mich um die demente Ehefrau des Suizidenten kümmern, aber der Fall zeigte mir auf, dass mir in solchen Situationen jegliche Distanz zu meiner persönlichen Geschichte fehlte. Ich litt unter Schlafstörungen; es war eine schreckliche Zeit, ständig hatte ich Angst, Fehler zu machen und

Schuld auf mich zu laden. Doch zum Glück verleiht die zunehmende Erfahrung Sicherheit, und ich gewann gerade im Berufsleben Schritt für Schritt mein Selbstbewusstsein zurück. Später wechselte ich zur Geburtshilfe. Doch der sensible Beginn eines Lebens, dem die Eltern so erwartend, so freudvoll entgegenblicken – es ging für mich nicht. Meine Angst, dass bei der Geburt etwas schiefgehen könnte, war riesig. Leben und Tod sind ganz nah in diesem Augenblick. Ich stand daneben und konnte den Menschen in meinem Zustand keine Stabilität vermitteln. Zudem war ich zu diesem Zeitpunkt selbst schwanger.

Ich wusste nicht, ob es mir gelingen würde, einen professionellen Umgang damit zu finden; als Ärztin wird man ja immer wieder mit dem Thema Suizid konfrontiert. Zwei Jahre lang arbeitete ich zum Beispiel in der Psychiatrie. Bei ihrem Eintrittsgespräch in der Tagesklinik fragte ich eine Patientin, ob sie suizidale Gedanken hege. Sie verneinte. 48 Stunden später nahm sie sich das Leben. In diesem Augenblick dachte ich, jetzt geht die ganze Geschichte wieder von vorne los, meine Vergangenheit holt mich ein. Doch dem war nicht so, es gelang mir in diesem Fall, Berufliches von Privatem zu trennen. Ich bekam damals auch ein hilfreiches Coaching durch meine Vorgesetzten, sodass ich mir bei dieser Geschichte keine Selbstvorwürfe machte.

Natürlich gab es auch in der Psychiatrie Momente, in denen ich an meine Grenzen stieß; als ich einmal einen latent suizidgefährdeten Patienten behandelte, rief seine Freundin an und wollte wissen, ob es wirklich zu verantworten sei, dass wir den Patienten nicht stationär einweisen. Da war er wieder, dieser Auslöser. Ich erinnerte mich daran, dass man auch meinen Bruder kurz vor seinem Suizid aus der Klinik entließ. Glücklicherweise thematisierte ich meine Gefühle bei meiner Vorgesetzten, und wir betreuten den Patienten schließlich zusammen. Mehrheitlich aber brachte ich es fertig, mit solchen Situationen umzugehen, und das stärkte nach und nach mein berufliches Selbstbewusstsein.«

Auch Silvia Widmer sagt, wie die meisten Porträtierten, die Zeit wirke sich heilend auf den Schmerz aus. Alles in allem verharre sie heute nicht mehr in der Vergangenheit. Die erwähnten Beispiele zeigten jedoch, wie stark der Suizid besonders in den ersten Monaten nach dem Tod viele Ebenen ihres Lebens aufwühlte. Am festen Band zwischen ihr und ihrem Partner aber riss der unerwartete Tod ihres Bruders nicht. Sie fühlte sich sehr von der Beziehung getragen, erzählt sie Silvia Widmer, ihr Mann habe sich selbst Monate danach stets Zeit genommen, um gemeinsam die belastenden Ereignisse wieder und wieder durchzukauen.

»Die Welt drehte sich nach dem Suizid von Thomas weiter, insbesondere seit unsere beiden Söhne auf der Welt sind. Mit den Kindern kam viel Lebensbejahendes in unseren Alltag. Sie verunmöglichen es einem, ständig an den Tod zu denken. Die Kleinen pflanzen sich in dein Leben, nehmen viel Raum ein – und bleiben. Wunderschön. Ich habe keine Ahnung, wie und zu welchem Zeitpunkt ich meinen Kindern sagen werde, was mit ihrem Onkel geschah, ich bin mir aber bewusst, dass sich Fragen zu ihm häufen werden. Mein Partner und ich unterhalten uns oft darüber. Die Details, da sind wir uns einig, wollen wir ihnen so lange wie möglich ersparen, aber ich möchte den Suizid nicht verschweigen. Ich erlebte es selbst so, denn der Bruder meiner Mutter nahm sich das Leben, als ich vierjährig war. Das hat uns Kinder immer beschäftigt. Wir wussten, dass er gestorben war, aber nie, weshalb. Unsere Großmutter litt sichtlich, und sein Tod war stets präsent, aber sehr geheimnisumwoben. Umgehen kann man das Thema sowieso nicht, es holt einen immer wieder ein. Zum Beispiel überforderte es mich völlig, als sich unser Sohn eine Spielzeugpistole wünschte. Besonders in der ersten Zeit nach dem Suizid meines Bruders ertrug ich nichts, was im Entferntesten mit Waffen zu tun hatte. Ich halte es bis heute kaum aus, wenn der Kleine mir mit seinen gebastelten Holzgewehren vor der Nase herumfuchtelt. Einfach ein Verbot auszusprechen, scheint uns aber nicht die Lösung, und doch wäre es für mich das Naheliegendste. Beide Kinder sind zur gleichen Jahreszeit geboren, in der auch der Todestag meines Bruders liegt. Mein Bruder nahm sich an Neujahr das Leben, und mein erster Sohn kam an Silvester zwei Jahre später zur Welt. Die Jahreswende ist für mich deshalb immer eine intensive Zeit, Leid vermischt sich mit Freud. Meine Mutter hingegen geht anders damit um, wie ich immer wieder feststelle. Sie hat viele Fotos meines Bruders bei sich aufgestellt. Die Bilder seien langsam daran zu vergilben, meinte ich letzthin, sie solle sie doch erneuern. ›Weißt du, für mich ist die Zeit stehengeblieben‹, sagte sie. Ich schluckte leer. Bis zu meiner ersten Schwangerschaft kümmerte ich mich sehr intensiv um meine Mutter. Von unserer Kernfamilie sind ja nur wir zwei geblieben. Dennoch musste ich mich gerade während meiner beiden Schwangerschaften um mich selbst kümmern, ich grenzte mich abrupt von ihr ab, ihre Nähe wurde mir zu viel. Gleichzeitig tat es mir natürlich auch sehr leid, dass ich mich distanzierte, und war froh, konnte ich jeweils nach den Geburten wieder leichter auf sie zugehen.

Bis heute träume ich immer wieder von meinem Bruder. Die Träume ähneln sich meistens. Thomas ist wieder da, aber ich erreiche ihn nicht. Er entzieht sich mir, ich kann nicht mit ihm sprechen, ihn nicht in die Arme schließen. Das Gefühl, dass er in greifbarer Nähe ist, ruft etwas Unbeschreibliches hervor, aber dann bleibt alles hängen und es gibt keine Auflösung und ich wache auf.«

»Vergeht Zeit, kommt der Lebenswille zurück.«

Interview mit Thomas Reisch, Psychiater

Ob ungesicherte Brücken oder Bahngeleise, frei zugängliche Waffen oder zu große Medikamentenpackungen: Der Psychiater Thomas Reisch kämpft dafür, dass die Möglichkeiten, das eigene Leben zu beenden, eingeschränkt werden.

Ein ICE braust durch die Talsohle aus dem Oberland ohne Halt bis in die nächste Stadt. Die Zugstrecke teilt die ländliche Gemeinde, die Dorfkirche liegt auf der einen, die psychiatrische Institution auf der anderen Seite, und der Weg dorthin ist bereits ab dem dreigleisigen Bahnhof ausgeschildert. Flachdachige Industriegebäude säumen die Straßenseiten, ein paar Schritte weiter steht eine Allee aus Laubbäumen Spalier. Der Gebäudekomplex der Klinik thront im Fluchtpunkt, umzingelt von majestätischen Bäumen eines Parks und viel Ackerland. Ende des 19. Jahrhunderts als »Irrenanstalt« erbaut, zählt die Klinik heute 310 ausgelastete Betten für 2000 Patienten jährlich. Die Straße verläuft parallel zu den Geleisen, keine hundert Meter entfernt donnern die Schnellzüge vorbei. Die Krähen auf dem ockerbraunen Feld picken unerschrocken weiter.

Thomas Reisch ist an diesem Ort als leitender Arzt eines halben Dutzends Abteilungen tätig – und befindet sich in einem Dilemma. Am liebsten wäre es dem Psychiater mit den grauen Schläfen, die Öffentlichkeit würde nichts über Suizide erfahren. Der Schaden, sagt er, sei kleiner, wenn niemand über das Thema berichtet – zu groß stuft er den Nachahmungseffekt ein. Umgekehrt zählt der Bereich zu seinem Kerngebiet, und er freut sich, dass seine Untersuchungen auf internationale Resonanz stoßen. Der Suizidforscher gilt hierzulande als einer der führenden Köpfe beim Thema Selbsttötung und deren Prävention.

Thomas Reisch, warum nehmen sich Menschen das Leben, die — objektiv gesehen — weniger Schlimmes durchgemacht haben als andere?

Es ist nicht klar, weshalb manche Leute komplett kapitulieren und andere nie; eindeutige wissenschaftliche Erkenntnisse fehlen. Es existiert wahrscheinlich etwas in uns, das die Möglichkeit von Suizid prinzipiell ein- oder eben ausschließt. Ein Teil ist womöglich auch angeboren, doch so genau wissen wir es nicht.

Tragen gewisse Leute also eine Art Endlösung in sich?

Die theoretische Lösung, sich das Leben nehmen zu können, ist etwas, das nur beim Menschen vorkommt. Aus der Forschung weiß man: Etwa die Hälfte der Bevölkerung hat einmal im Leben ernsthaft daran gedacht, sich umzubringen. Also nicht einfach tot zu sein, sondern sich aktiv das Leben zu nehmen.

Wer tut den letzten Schritt tatsächlich und wer nicht?

Eine schwierige Frage. Zwischen den theoretischen Überlegungen und der endgültigen Tat muss irgendetwas liegen – das kann ein bestimmtes Ereignis sein oder eine Krankheit. Die Auslöser, weshalb jemand sein Leben endgültig beenden will, sind vielfältig und von ganz unterschiedlichen Beweggründen abhängig. In der Suizidforschung stellen wir etwa altersspezifische Unterschiede fest. Suizidale Jugendliche und junge Erwachsene bringen Argumente wie ›Mein Partner hat mich verlassen, und ich will sterben‹ als Erklärung vor, dass sie nicht mehr leben möchten. Bei Menschen in hohem Alter heißt es dann eher: ›Mein Partner ist gestorben, ich will nicht mehr leben.‹ Des Weiteren zeigen sich auch Abweichungen in Bezug auf das Geschlecht. Bei Frauen hat Suizid fast immer mit der Interaktion mit anderen Menschen zu tun. Bei den Männern sind zwischenmenschliche Beziehungen zwar auch der häufigste Suizidgrund, aber hinzu kommen viel öfter auch finanzielle oder berufliche Faktoren. Ihr Argument, sich töten zu wollen, lautet dann etwa: ›Ich bin arbeitslos und deshalb wertlos.‹

Sie erwähnen die Forschung.

Suizidforschung ist ein riesiges Feld. Allgemein lässt sich sagen, dass im genetischen Bereich alle möglichen Störungen untersucht und letztlich auch gefunden werden. Doch ich stelle die Bedeutung für die Praxis in Frage. Denn was bringt es jemandem, wenn er weiß, dass er zu einem Drittel aus Genen besteht, die ihn suizidal einstufen? Nichts Konstruktives.

Dennoch steigt das Risiko eines Folgesuizids bei Familienangehörigen, nimmt sich jemand das Leben.

Das stimmt. Einerseits existiert wohl tatsächlich eine erbliche Vorbelastung, unabhängig von der Sozialisierung. Gerade Geschwister stehen sich oft sehr nah, schon allein durch die Genetik, die man zu 50 Prozent miteinander teilt. Anderseits haben die Angehörigen diese Art von Tod miterlebt und so das ›Modell Suizid‹ kennengelernt. Durch einen Suizid in der Familie bekommt man eine vermeintliche Lösung aus einer scheinbar ausweglosen Situation vorgelebt. Diese Möglichkeit brennt sich ein. Aber dieses Bewusstsein und auch die genetischen Erkenntnisse helfen uns letztlich nicht weiter, es ist sogar müßig, darüber nachzudenken, denn die Erbmasse zum Beispiel können wir nicht beeinflussen. Viel wichtiger ist es, wie Hinterbliebene mit diesem Risiko umgehen.

**Ihr persönliches Thema ist die Suizidprävention.
Was ist Ihr Ziel?**

Wir wollen die Anzahl Suizide so weit als möglich verringern.
Wichtig sind entsprechende therapeutische Maßnahmen und
die soziale Unterstützung, etwa die Verbesserung der Situation am Arbeitsplatz. Ich wünsche mir aber auch, dass Geld in
die Schulung von Pfarrern, Lehrern, Psychiatern oder Haus-
ärzten investiert wird. Grundsätzlich ist es schwierig, die Wirk-
samkeit der Prävention nachzuweisen, doch was wir bisher
sicher wissen ist, dass im Bereich ›Public Health‹ drei Dinge
effektiv sind: Die Restriktion der Suizidmethoden, das ist mein
Themengebiet, dann nationale Kampagnen wie etwa das Bündnis gegen Depression sowie die Einhaltung und Durchsetzung
von Medienrichtlinien.

Mit Medienrichtlinien spricht Thomas Reisch einen wichtigen
Kodex unter Journalistinnen und Journalisten an, der besagt,
dass Medien nicht oder nur mit Vorbehalt über Suizid berichten sollen, wie etwa wenn Selbsttötungen ein großes Aufsehen
erregen. Das kann beispielsweise sein, wenn es sich um eine
Person des öffentlichen Lebens handelt, wenn die Tat in öffent-
lichem Zusammenhang steht oder bei einem Verbrechen, das
der Polizei gemeldet wurde. Zum Thema Suizid in den Medien stellt der Schweizer Presserat, die Beschwerdeinstanz für
medienethische Belange, fest, dass damit größte Zurückhaltung
geboten sei. Die Berichterstattung dürfe keine »intimen oder
gar herabsetzenden Einzelheiten enthalten«, und auf »detail-
lierte, präzise Angaben über angewandte Methoden und Mittel«
sollen Journalistinnen und Journalisten verzichten – um Nachahmungstaten zu vermeiden.[1] Nennenswert sind in diesem Zusammenhang auch die publizistischen Leitlinien des Schweizer

---

1   Schweizer Presserat: Richtlinien zur »Erklärung der Pflichten und Rechte
    der Journalistinnen und Journalisten«. 2011. http://presserat.ch//Docu-
    ments/Richtlinien_2011.pdf. [Zugriff: 15.4.2013].

Radio und Fernsehen SRF. »Über Suizide berichten wir nicht«, heißt es dort. Ausnahmen bilden die oben angeführten Gründe. Journalisten sollen weder Details zur Todesart nennen noch konkrete Bilder zur Suizidmethode zeigen.

Grund für das Schweigen der Medien ist der »Werther-Effekt«. Unter diesem Phänomen versteht die Medienwirkungsforschung Nachahmungstaten in Folge einer Berichterstattung. Der Begriff geht auf Goethes Klassiker »Die Leiden des jungen Werthers« zurück, in dem der Protagonist sein Leben beendet. In Europa löste der Roman eine Welle von Selbsttötungen aus; Leser kleideten sich zum Teil gleich wie die Hauptfigur der Erzählung, als sie sich umbrachten. Schließlich prägte der amerikanische Soziologe David Phillips den Ausdruck »Werther-Effekt«: Der Wissenschaftler hatte in den 1970er-Jahren die Korrelation zwischen Suiziden von Prominenten und der Allgemeinbevölkerung aufgezeigt. Aktuelles Beispiel für den Effekt ist etwa der Suizid des deutschen Nationaltorwarts Robert Enke 2009. Medienberichten zufolge stieg nach seinem Tod die Zahl der Selbsttötungen mit der von ihm gewählten Suizidmethode sprunghaft an, allerdings teilten nicht alle Statistiker diese These.

Wie sollte Ihrer Meinung adäquat über dieses Thema berichtet werden?

Die richtige Berichterstattung ist, dass man darüber schweigt.

Und so das Tabu »Suizid« zementiert?

Es ist besser, denn der Werther-Effekt ist beim Suizid belegt, da gibt es keinen Zweifel. Das ZDF etwa strahlte vor Jahren einen Bericht zum genauen Ablauf eines Suizids aus. Danach erhöhte sich die Zahl der Suizide mit ebendieser Methode massiv.[2] Die Medien sollen darüber berichten, wenn es darum geht, ein Ziel zu verfolgen, zum Beispiel Brücken zu sichern oder den Zugang zu Schusswaffen einzudämmen. Das kann ein probates Mittel sein. Doch auch dabei sollte die Berichterstattung zeitlich begrenzt sein.

Aber wie kann die Öffentlichkeit für das Thema Suizid sensibilisiert werden, wenn die Medien schweigen sollen?

Das bleibt eine schwierige Frage, auf die ich nur mit entsprechenden Studienresultaten antworten kann: Neben dem Werther-Effekt existiert gemäß Wiener Wissenschaftlern auch der gegenteilige ›Papageno-Effekt‹. Es gibt demnach Medienberichte zum Thema Selbsttötungen, die sich positiv auf die Suizidrate auswirken, will heißen, die Anzahl der Suizide geht nach bestimmten Meldungen zurück. Das ist zum Beispiel der Fall, wenn über Personen berichtet wird, die eine psychische Krise konstruktiv bewältigt haben. In diesem Zusammenhang konnte eine präventive Auswirkung der Berichterstattung nachgewiesen werden. Leider erzielen sehr wenige Berichte einen solchen Effekt. Ungefährlich ist auch, wenn etwa eine Fachperson in den Medien mit der Aussage zitiert wird, Suizidprävention sei in diesem Land eine vernachlässigte Angelegenheit. Das ist aus unserer Sicht wünschenswert, wenn auch für die Medien wohl weniger attraktiv.

---

2   1981 strahlte das ZDF die mehrteilige Fernsehsendung »Tod eines Schülers« aus. Darin wirft sich die Hauptfigur vor einen fahrenden Zug. Wissenschaftler wiesen während der Ausstrahlungszeit eine Zunahme von Eisenbahnsuiziden um 175 Prozent auf. Das Phänomen wiederholte sich bei der erneuten Ausstrahlung eineinhalb Jahre später. Vom ZDF in Auftrag gegebene Gutachten hingegen dementierten einen Zusammenhang der Todesfälle und der Sendung.

Auch wenn kaum darüber berichtet wird: Jeden Tag nehmen sich Menschen das Leben. Dabei steht Suizid dem menschlichsten aller Triebe, dem Überlebenswillen, diametral entgegen.

Das stimmt, aber wissenschaftliche Studien zeigen auch: Es stellt für Suizidenten eine riesige Hürde dar, diese Schwelle zu übertreten. Der starke Überlebenstrieb ist wohl auch einer dieser Gründe, warum Menschen, die sich eigentlich dafür entschieden haben, sich das Leben zu nehmen, kurz vor der endgültigen Tat mit sich hadern. Man kennt dies von Brückenspringern: Die Leute suchen den bestimmten Ort auf, springen aber oft nicht sofort, sondern wandern für eine Weile auf und ab. Auch Menschen, die sich auf Geleise legen, nehmen erfahrungsgemäß meist nicht die erstbeste Möglichkeit wahr, sondern lassen zuerst einige Züge vorbeidonnern. Diesen Aspekt des Zögerns interessiert mich als Arzt und Wissenschaftler besonders, denn ich will herausfinden, was in dem Augenblick in dem Menschen vor sich geht. Suizidenten verspüren im Moment vor ihrer Selbsttötung eine Ambivalenz, die den Lebenstrieb nochmals aufflackern lässt. Im Internet findet man zu diesem Thema übrigens ein interessantes Video: In einer Zufallsaufnahme bei einem israelischen Bahnübergang filmte eine Überwachungskamera eine Frau, die sich das Leben nehmen möchte. Sie geht einige Zeit auf und ab, ehe sie sich auf die Bahnstrecke legt. Im letzten Moment, bevor der Zug anbraust, bettet sich die Frau aber nicht über, sondern zwischen die Schienen. Der Zug rast über sie hinweg, während die Frau genau zwischen den Achsen der Räder liegt. Unglaublich, aber danach erhebt sie sich wieder und macht sich davon – sie hat sich also im letzten Augenblick doch für das Leben entschieden.

Wie erkennen Außenstehende, dass jemand lebensmüde ist?

Oft verhalten sich Suizidale auffällig. Die Person zieht sich zurück, ist depressiv, zeigt weder Freude noch Interesse. Ein besonderes Warnzeichen ist auch, wenn jemand immer wieder von Todesabsichten spricht und auf einmal entspannt und gelassen wirkt, dann ist die Suizidhandlung oft bereits im Gange. Doch Außenstehende erkennen längst nicht alle Symptome der Suizidalität. Das Thema ist nach wie vor ein Tabu, Gedanken daran werden verheimlicht, umso wichtiger ist es deshalb, es nicht totzuschweigen, sondern sie im vertrauensvollen Einzelgespräch aufzunehmen.

Macht jemand Anspielungen auf Suizid, soll das Problem also direkt angesprochen werden?

Unbedingt. Androhungen sind ein Ausdruck davon, dass sich jemand in größter Not befindet. Das Gegenüber muss abschätzen, ob es die einzige Hilfe in dieser Situation darstellt. Es braucht Angehörige und Freunde, aber eben auch professionelle Hilfe. Das kann ein Hausarzt sein, zu dem man die Person begleitet oder aber der psychiatrische Notfall. Bei einer ärztlichen Therapie spielt die individuell angepasste Form eine wichtige Rolle. So hat sich gezeigt, dass ein stationärer Aufenthalt nicht in jedem Fall der beste Weg ist. Der Prototyp für wiederkehrende Suizidalität zum Beispiel sind Borderline-Patienten. In diesem Fall erweisen sich ambulante oder zumindest teilstationäre Programme als sehr geeignet.

Tritt jemand in die Psychiatrie ein, bedeutet dies eine Art Schutz. Umgekehrt erleidet das Selbstwertgefühl einen großen Schaden. Ich plädiere deshalb dafür, sehr gefährdete Leute durchaus in die Psychiatrie zu schicken, sie sehr intensiv zu begleiten, aber sie dann aber nach Auflösung der Gefahr auch schnell wieder ziehen zu lassen.

Doch auch die Psychiatrie schützt häufig nicht vor Sui-zid. Versagen in einem solchen Fall die entsprechenden Maßnahmen?

Klar, die effektivste Suizidprävention ist, jemanden in dem Moment zurückzuholen, in dem sich die Person das Leben nehmen will. Das ist leider in den seltensten Fällen möglich. Studien zeigen jedoch, dass sich Therapien bei lebensmüden Menschen zu 50 Prozent als erfolgreich erweisen. Das heißt, die Anzahl der Suizidversuche halbiert sich, wenn sich Suizidale in eine geeignete psychiatrische Behandlung begeben. Es wird also nicht allen geholfen, aber immerhin einem Teil davon. Von Versagen zu sprechen ist billig, denn auch eine Reanimation bei einem Herzstillstand holt nicht alle Personen zurück, sondern bloß etwa 20 Prozent. Wenn wir, wie beim Bereich Suizid, 50 Prozent retten können, ist das doch gar nicht so schlecht.

Der Begriff ›Freitod‹ wird häufig als Synonym für Suizid verwendet und suggeriert, dass Suizid ein freiwilliger Akt ist. Stimmt das?

In dem Augenblick, in dem sich Menschen suizidieren wollen, haben sie genug vom Leben. Sie erleiden einen seelischen Schmerz, und ihr Ziel ist einzig, diesen so rasch wie möglich loszuwerden, von ›frei‹ kann man deshalb nicht wirklich sprechen. Diese Leute wollen zwar sterben – aber nur in diesem Moment. Von den allermeisten Patienten weiß man jedoch, dass Suizid ein vorübergehendes Phänomen ist. Vergeht Zeit, kommt der Lebenswille zurück.

Als hätte man eine Art Kippschalter im Kopf.

Suizidalität ist kein konstantes Phänomen. Gerade Borderline-Patienten durchleben immer wieder suizidale Phasen. Sie leben ganz stark im On- und Off-Modus.

Könnte man bei Suizid auch von einem psychischen Unfall sprechen?

Ja, das trägt dem Phänomen Rechnung. Etwas läuft schief – für einen Augenblick. Suizidale erkennen aber nicht, dass es sich bloß um einen temporären Zustand handelt.

Welche Rolle spielt in diesem Moment die Verfügbarkeit der Suizidmethoden?

Das ist ein wichtiger Punkt, denn sind die Mittel, sich umzubringen, eingeschränkt, fällt es den Leuten schwerer, den Plan umzusetzen. Gesicherte Brücken zum Beispiel erfordern für Suizidale einen höheren Aufwand, einen anderen Ort aufzusuchen. Lebensmüde tragen oft eine bestimmte Methode fix im Kopf, auf welche Art und Weise sie sich suizidieren wollen. Das ist hochindividuell. Indem wir die Möglichkeiten der Methoden reduzieren, erhöhen wir die Hürden und retten so Menschenleben. Das zeigen Zahlen etwa beim erschwerten Zugang von Schusswaffen. 2011 haben wir die entsprechende Volksabstimmung in der Schweiz leider verloren – trotz eindeutiger wissenschaftlicher Erkenntnisse. Dennoch forsche ich in dieser Thematik bis heute.

Sie arbeiten keine hundert Meter weg von einem der Magnetpunkte für Eisenbahnsuizid, Fachleute nennen es ›Hotspot‹. Gleichzeitig wollen Sie den Zugang von Suizidmethoden begrenzen.

Es macht es sicher schwieriger, hier zu arbeiten. Zum Glück aber soll das Bahngleis nun bald durch einen Schallschutz gesichert werden.

Die Behörden stellen also Lärmschutz vor Suizidprävention?

Interessanterweise hängen diese beiden Aspekte zusammen. Denn öffnen Sie in meinem Büro die Fenster, hören Sie, wie die Züge im Fünfminuten-Takt rauschen. Für suizidale Menschen ist dieses Geräusch auf eine sehr destruktive Art und Weise inspirierend. Ein Schallschutz hat zum Ziel, dass man die Züge nicht mehr hört. Diese Lärmdämmung wirkt sich schließlich indirekt auf Menschen mit Suizidabsicht aus. Die spannende Frage für uns Wissenschaftler ist dabei: Kommt es nach der Installation zu einer Verlagerung der Suizide? Begeben sich die Suizidalen stattdessen zum nahe gelegenen Bahnhof? Eine Selbsttötung ist schlimm genug für diejenigen, die danach Leichenteile auf den Geleisen einsammeln müssen. Doch die Anzahl der Traumatisierten wird um Dimensionen größer, wenn sich jemand an einem Bahnhof vor den Zug wirft. Schienen an einem Bahnhof gegen das Betreten zu sichern, ist bis heute noch nicht möglich.

Sie beraten auch Behörden bei der Sicherung von Hochbrücken. Seit 2009 sind in Bern heikle Brücken mit einem Netz versehen. Ihre Bilanz?

An den Brücken sind provisorische Netze angebracht, also keine Fangnetze. Es ging den Politikern vor allem darum, die Leute zu schützen, die unter der Brücke wohnen. Suizidprävention stand damals nicht im Zentrum. Aber: Auch diese Netze sind erfolgreich, und das zählt für uns. Die Maßnahme hat die Selbsttötungen nicht komplett verhindert, führte aber zu einer massiven Reduktion. Konstant hoch geblieben sind jedoch die Anzahl der Versuche.

Was meinen Sie damit?

Suizidgefährdete Leute gehen auf den Brücken auf und ab mit der ernsthaften Absicht, das Geländer zu übersteigen. Sie konnten aber bisher zurückgehalten werden. Es wurden nur die Stellen gesichert, wo Menschen unterhalb wohnen. Also bleiben heikle Stellen. Ich fordere deshalb, überall Fangnetze analog zur nahe gelegenen Münsterplattform. Seit der Installation des horizontalen Netzes Ende der 1990er-Jahre, sprang dort niemand mehr über die Mauer.

Wie ist der Begriff ›Suizidversuch‹ gerade bei Brücken-springern zu verstehen?

Es ist in der Tat nicht leicht, den Ausdruck ›Suizidversuch‹ zu definieren. Von einem Versuch sprechen Fachleute immer dann, wenn man etwas tut, was das gewohnte Handeln überschreitet. Nimmt jemand Medikamente in einer Überdosis zu sich, liegt es auf der Hand, dass sich jemand das Leben nehmen wollte. Selbst wenn eine Person eine Unmenge an homöopathischen Mitteln schluckt, die gar nicht zu einem Tod führen würden, nennt man es der Absicht wegen einen Suizidversuch.

Bei Brücken spricht man davon, wenn jemand versucht, das Geländer zu übersteigen, sich auf der Brüstung oder bereits jenseits des Geländers befindet und gleichzeitig den Gedanken verfolgt, sich so zu töten.

Wie ist es bei Schusswaffen?

Die Grenze der Definition ist schwierig. So ist es noch kein Versuch, hält sich jemand eine Pistole ohne Munition an die Schläfe. Von einem Suizidversuch spricht man eigentlich von diesem Moment an, in dem es letztlich auch anfängt, lebensbedrohlich zu sein, also in diesem Beispiel, wenn die Waffe geladen ist. Schwierig einzuordnen sind auch die Selbstverletzungen junger Frauen. Die meisten tun das nicht mit suizidaler Absicht, sofern es eine habituelle, regelmäßige Handlung ist. Verletzt sich jemand aber einmalig, verbunden mit der Idee, nicht länger leben zu wollen, nennt man es einen Suizidversuch.

Thomas Reisch wird durch einen Anruf unterbrochen. Nach dem Gespräch sagt er:

›Interessant. Da kam die Frage, ob ich bereit wäre, eine gestern noch suizidale Person nach Hause gehen zu lassen.‹

Warum haben Sie sich als Arzt ausgerechnet der Suizidforschung verschrieben?

Ich betreute als junger Arzt in einer kantonalen psychiatrischen Klinik eine Borderlinerin. Diese hatte mehrere Suizidversuche hinter sich, ihre Behandlung verlief relativ harzig. Borderline-Patienten verspüren jede Woche eine andere Stimmung, dieses ständige Auf und Ab ist für die Betreuer oft schwierig und kräfteraubend. Gleichzeitig weiß man von solchen Patienten, dass sie ein unglaublich hohes Resozialisierungspotenzial in sich tragen, solche Klienten sind grundsätzlich sehr überlebensfähig. Und genau das interessierte mich: Ich fragte mich immer, ob es nicht noch eine bessere, effektivere Methode gibt, um suizidgefährdete Borderliner zu therapieren? Aus diesem Grund reiste ich in die Vereinigten Staaten, um dort die Behandlungsweise der Dialektisch-Behavioralen Therapie zu erlernen. Bei dieser Methode arbeitet der Therapeut mit einem konkreten Konzept, das etwa Einzeltherapien für individuelle und längerfristige Ziele sowie hoch strukturierte Gruppenbehandlungen beinhaltet. Dabei lernen die Patienten unter anderem Fertigkeiten, um besser mit Stresssituationen umzugehen.

Als ich aus den USA zurückkehrte, wurde ich gebeten, die erwähnte Studie zum Thema Sicherung der Berner Münsterplattform durchzuführen. Danach kam eines zum anderen – und ich vertiefte das Thema Suizid mehr und mehr.

Für die Unfallprävention auf den Straßen gibt der Bund Millionen im Jahr aus, für Ihr Forschungsgebiet Suizidprävention nichts. Dabei gibt es in der Schweiz dreimal so viele Todesfälle durch Suizid wie durch Verkehr.

Es ist tatsächlich so, dass keine nationale Suizidprävention existiert. Für HIV-Prävention oder gegen das Rauchen gibt man Geld aus, nicht für Suizidprävention. Zwar finanziert etwa der Kanton Bern das Bündnis gegen Depression mit. Doch grundsätzlich zeigt der Staat wenig Bestreben, die Präventionsarbeiten in unserem Bereich zu unterstützen. Für ihn ist Suizid ein Symptom und keine Krankheit, und für Symptome fließen keine Mittel. Auch im Bereich der Forschung zahlt die öffentliche Hand nichts. Auf Kantonsebene, wie etwa im Kanton Zug, kennt man Konzepte, bei denen die Suizidprävention ganz explizit erwähnt wird. Dennoch können wir Erfolge verbuchen: Meine Studie zur Sicherung der Berner Brücken und der Münsterplattform wurde international beachtet. Die Ergebnisse führten schließlich dazu, dass in der Schweiz heute eine zweistellige Zahl von Brücken gesichert ist – das ist doch ein wichtiger Schritt.

Zur Person

Thomas Reisch, geboren 1964 im Ruhrgebiet, ist heute leitender Arzt im Psychiatriezentrum Münsingen. Zuvor führte er den Schwerpunkt Psychotherapie an der Universitäts- und Poliklinik für Psychiatrie UPD in Bern. Der Psychiater beschäftigt sich seit Jahren mit Suizid und dessen Prävention. Reisch leitete zudem entsprechende Forschungsprojekte, wie die Nationalfondsstudie »Suicide in Switzerland: A detailed national survey of the years 2000 and 2010«. Er sitzt im Vorstand des Berner Bündnisses gegen Depression. Reisch ist verheiratet und Vater von vier Kindern, er lebt in Bern.

Weiterleben

In unserer Gesellschaft kennt nahezu jede Person – und sei es nur vom Hörensagen – jemanden, der sich das Leben genommen hat. Die Suche nach hinterbliebenen Schwestern oder Brüdern fiel deshalb nicht schwer; die Herausforderung für dieses Buch bestand vielmehr darin, diese Menschen zu ermutigen, offen über sich und ihr Leben zu berichten. Eingangs schreibe ich, dass ich Familiengeschichten schildere, und genau dieser Aspekt sorgte letztlich bei den Treffen mit den Protagonisten für viel Diskussionsstoff – denn über einen Suizid eines Bruders oder einer Schwester und dessen Folgen zu sprechen bedeutet unter anderem, Intimitäten der eigenen Familie preiszugeben. Das brachte einige Betroffene in ein Dilemma: Sie stellten ihre Sichtweise der Dinge dar und ihr eigenes Befinden, zugleich wollten sie ihre Mütter und Väter keineswegs belasten, etwa durch kritische Bemerkungen zur Erziehung oder deren Art zu trauern. »Meine Eltern zermartern sich schon genügend mit Selbstvorwürfen, ich will sie deshalb schützen«, sagte eine Angehörige und offenbarte ungewollt, welche Verantwortung sie nach dem Suizid für die Mutter und den Vater übernimmt. Mir war es jedoch ein Anliegen, auch diese Perspektive darzustellen, denn sie zeigt, wie sich der Trauerprozess von Geschwistern und Eltern unterscheidet:

Die eigenen Gefühle rücken in der Sorge um die Eltern oft in den Hintergrund.

Gerne hätte ich auch jemanden porträtiert, der in diesem oft zitierten »Jahr der Trauer« steht – unter anderem um darzulegen, wie sich der Faktor Zeit auf den Verarbeitungsprozess auswirkt. Verschiedene haben mit der Begründung abgesagt, das traumatische Ereignis sei noch viel zu frisch. Umgekehrt lehnten andere Hinterbliebene ein Gespräch ab, obschon der Suizid ihrer Schwester oder ihres Bruders bereits Jahrzehnte zurückliegt; es würde sie zu fest aufwühlen, sie seien noch nicht so weit, darüber sprechen zu können, erklärten sie.

Selbsttötungen sind nach wie vor ein Tabu, das wird durch den Entscheid sämtlicher Protagonisten illustriert, sich nur unter Pseudonym porträtieren zu lassen: Alle Namen in diesem Buch wurden ausgetauscht, in einigen Fällen bestanden die Hinterbliebenen sogar darauf, Wohnort und Berufsbezeichnung zu verändern, zu groß war ihre Furcht vor dem Stigma oder davor, zu viele Familiengeheimnisse zu verraten.

Während unserer Treffen zeichnete ich die Gespräche auf, das Erzählte ist deshalb nah an der gesprochenen Sprache. Manchmal habe ich Dinge weggelassen oder neu angeordnet, sodass ein roter Faden die losen Erinnerungsfetzen zusammenhält; alle Texte wurden von den Porträtierten gegengelesen.

Stark beschäftigte mich zudem die Frage, wie sehr ich bei den Geschichten auf die Suizidmethoden eingehen soll, zumal Fachpersonen aus Sorge vor einem Nachahmungseffekt vehement davon abraten, Details zu nennen. Andererseits beschrieben die Hinterbliebenen oftmals genau diesen Aspekt als sehr prägend, denn je nach Tötungsart wird den Angehörigen ein Abschied am offenen Sarg verunmöglicht. Gehörte etwa die Waffe, aus der die entscheidende Kugel kam, einem Familienmitglied, verstärkt das die Schuldgefühle enorm.

Was die Hinterbliebenen berichten, ist keine leichte Kost. Doch obwohl für sie nach dem Suizid nichts mehr ist, wie es vorher war, erzählen die Geschichten auch von viel Tapferkeit und Trost. Sie bezeugen den Willen, nicht bloß zu überleben, sondern weiterleben zu wollen. Und wenn sie Menschen dazu ermutigen, reiche ich diese Berichte umso lieber weiter.

Samira Zingaro

Wichtige Adressen und Anlaufstellen

Schweiz

Ipsilon
Initiative zur Prävention von Suizid in der Schweiz.
Die nationale Dachorganisation Ipsilon vereint Gruppierungen und Institutionen, die sich thematisch mit Suizid beschäftigen. Schwerpunkte sind etwa die Informationsaufbereitung, Aufklärungsarbeit, Vermittlung von Anlaufstellen oder die Programmentwicklung zur Suizidprävention.
www.ipsilon.ch

FSSZ
Forum für Suizidprävention und Suizidforschung, Zürich. Der regionale Verein FSSZ vernetzt Praxis mit Forschung, um Suizidprävention zu fördern, sei es durch interdisziplinäre Projekte, Suizidprävention für Jugendliche oder mittels Öffentlichkeitsarbeit.
www.fssz.ch

Bündnisse gegen Depression
Kantonale Netzwerke mit dem Ziel, die Versorgungs- und Lebenssituation von depressiv erkrankten Menschen und ihren Angehörigen zu verbessern. Ein Schwerpunkt ist dabei die Suizidprävention.
www.berner-buendnis-depression.ch

Beratungstelefon für Kinder und Jugendliche

Angebot von Pro Juventute.

Kostenlose und anonyme Beratung via SMS, Chat oder Telefon, rund um die Uhr an 365 Tagen im Jahr.

www.147.ch

Die Dargebotene Hand

Sorgentelefon mit Beratungsangebot rund um die Uhr an 365 Tagen. Beratung auch via SMS oder zu bestimmten Zeiten über einen Beratungs-Chat.

www.143.ch

Seelsorge

Reformierte und katholische Seelsorger beraten und begleiten Betroffene anonym via E-Mail und SMS zu üblichen Tarifen.

www.seelsorge.net

Feel ok

Internetplattform für Jugendliche und Lehrkräfte der Gesundheitsstiftung Radix. Mit Beratungsadressen, Tests, Games und Unterrichtsinputs für Lehrpersonen.

www.feel-ok.ch

Trauer nach Suizid

Geleitete Gesprächsgruppen und Einzelbegleitungen für Trauernde nach Suizid im Raum Ostschweiz.

www.trauer-nach-suizid.ch

Pro Mente Sana

Telefonische Beratung für psychisch kranke Menschen und ihre Angehörigen. Auf Wunsch anonym, Telefon zum Normaltarif.
www.promentesana.ch

Verein Equilibrium

Verein zur Bewältigung von Depression. Schwerpunkte sind etwa die Unterstützung von Selbsthilfegruppen für Menschen mit Depressionen, thematische Veranstaltungen und Öffentlichkeitsarbeit.
www.depressionen.ch

Verein Refugium

Selbsthilfegruppe für Hinterbliebene nach Suizid.
In diesem Verein engagieren sich Hinterbliebene und Fachpersonen für andere Zurückgelassene etwa durch Gesprächsangebote. Refugium organisiert auch offene Gesprächsrunden sowie geleitete Selbsthilfegruppen.
www.verein-refugium.ch

Life with

Die Gruppe gehört zum Verein »Regenbogen Schweiz« und vernetzt junge Menschen, die eine Schwester oder einen Bruder durch Krankheit, Unfall oder Suizid verloren haben. Es finden regelmäßige Kurzworkshops mit Gleichbetroffenen statt.
www.lifewith.ch

Deutschland

AGUS

Angehörige um Suizid Deutschland AGUS.
AGUS organisiert und koordiniert in Deutschland Selbsthilfegruppen und weitere Aktivitäten zum Thema Suizid.
www.agus-selbsthilfe.de

Trauerbegleitung von Chris Paul

Chris Paul, selbst Hinterbliebene nach Suizid, engagiert sich in
Seminaren, Einzelbegleitungen oder als Autorin für dieses Thema. Sie verfasste das Buch »Warum hast du uns das angetan?«, ein
empfehlenswertes Begleitbuch für Hinterbliebene nach Suizid.
www.chrispaul.de

Deutsche Gesellschaft für Suizidprävention (DGS)

Dachorganisation für Institutionen und Personen, die sich in
Forschung, Lehre oder Praxis mit Suizidprävention befassen.
Links zu Anlaufstellen für Betroffene und Angehörige bei Suizidalität und Suizidtrauer.
www.suizidprophylaxe.de

Young Wings

Internetplattform für Menschen zwischen 12 und 21 Jahren, die
um einen Angehörigen oder Bezugsperson trauern. Anonym
und kostenlos. Einzelberatung, Forum und Chat-Möglichkeit.
www.youngwings.de

Hamburger Zentrum für Kinder und Jugendliche in Trauer e.V.

Zentrale Anlaufstelle in der Region Hamburg für trauernde Kinder und Jugendliche.

www.kinder-in-trauer.de

Trauerland Bremen

Regionale Kinderhilfsorganisationen in Bremen für trauernde Kinder und Jugendliche sowie deren Familie.

www.trauerland.org

Freunde fürs Leben

Fakten und Hilfen zu Depression und Suizidalität für junge Menschen.

www.frnd.de

Telefonseelsorge

Die bundesweite Organisation wird von der christlichen Kirche Deutschlands getragen. Die Gespräche sind kostenlos, und neben anonymer telefonischer Beratung rund um die Uhr bietet Telefonseelsorge auch Unterstützung per Chat oder E-Mail an.

www.telefonseelsorge.de

Arbeitskreis Leben Einrichtungen (AKL)

Beratungsstellen im Raum Baden-Württemberg, spezialisiert auf suizidgefährdete Menschen und deren Angehörigen oder Hinterbliebenen. AKL ist aktiv im Bereich Suizidprävention.

www.ak-leben.de

Stiftung Deutsche Depressionshilfe

Die Organisation entstand aus dem Zusammenschluss des »Forschungsverbundes Kompetenznetz Depression, Suizidalität« und des »Deutschen Bündnisses gegen Depression«. Ziel der gemeinnützigen Stiftung ist es, die Versorgungssituation von depressiven Menschen zu verbessern. Hierfür werden die Schwerpunkte auf die Öffentlichkeitsarbeit, Forschung sowie Fortbildung gelegt. Plattform für Fachpersonen, Betroffene und Angehörige.
www.deutsche-depressionshilfe.de

Alles ist anders

Homepage für trauernde Jugendliche und junge Erwachsene unter anderem mit Live-Chat, Forum, Beratungstelefon und einem Terminkalender für verschiedene Gruppenaktivitäten. Die Plattform ist eine Initiative der Hospizgruppe Freiburg unter der Trägerschaft von Diakonie und Caritas.
www.allesistanders.de

Österreich

Österreichische Gesellschaft für Suizidprävention

Dachorganisation, die Suizidprävention und -forschung fördert bspw. durch Präventionsprogramme, Initiativen oder Kongresse.
www.suizidpraevention.at

Selbsthilfegruppen

Internetplattform mit Suchfunktion für thematische Selbsthilfegruppen in den verschiedenen Landesteilen.
www.selbsthilfe.at

Telefonseelsorge

Hauptträger dieser Anlaufstelle ist die katholische und evangelische Kirche. Die telefonische Seelsorge ist anonym, kostenlos und rund um die Uhr erreichbar. Es gibt auch die Möglichkeit einer Online-Beratung.

www.onlineberatung-telefonseelsorge.at

www.telefonseelsorge.at

Dank

Mein Dank gilt den porträtierten Menschen in diesem Buch. Sie ließen mich teilhaben an ihren intimen und oft schmerzhaften Erinnerungen, an ihren ganz persönlichen Gedanken und Gefühlen – und leisten hiermit nicht zuletzt einen wertvollen Beitrag, die Todesursache Suizid und ihre Folgen zu enttabuisieren. Dafür war viel Vertrauen, Aufrichtigkeit, aber auch Mut notwendig.

Ein wichtiges Dankeschön geht an meine Verlegerin Anne Rüffer. Sie hat mich von Beginn weg zu diesem Buch motiviert und zeigte sich dem Thema gegenüber überaus feinfühlig und offen.

Ich danke vor allem auch Sandra Rutschi und Beat Metzler, meinen aufmerksamen Lesenden der ersten Stunde.

Für die unkomplizierte Kontaktherstellung danke ich Ursi Weber, Kathrin Winzenried, Karin Althaus und Monika Allensbach.

Ich danke speziell Manuela Wegmüller, Sonja Gilgen und Judith Welter. Und nicht zuletzt geht mein Dank an Simone Meier. Ich danke ihr im Besonderen für ihre Nachsicht, ihren Rückhalt und unsere tiefe Verbundenheit.